JN410171

느리게, 그러나 자유롭게

느리게, 그러나 자유롭게

최병호 수필집

수평과비평사

머리말

그럭저럭 편안해지면 느슨해지게 마련이다.

손바닥만 한 마당과 담 밑 화단엔 잡초가 듬성듬성하다. 발자국 하나 보이지 않은 그 정밀靜謐이 떼다놓은 어떤 산길 도막 같다.

방안도 마찬가지다. 책상 주변엔 보다가 둔 책들이 아무렇게나 널려있고 저만치엔 정리하지 못한 것들이 그대로 쌓여 있다. 옷걸이도 음식점에 보던 것이나 마찬가지로 빼곡하다.

이런 권태가 꿈결처럼 문득문득 깬다. 의식이 눈을 뜨고 이것저것 살피며 부추긴다. 우선 안팎을 쓸고 닦고 정리할 밖에. 내 수필은 이런 틈새에서 비교적 자유롭게 쓴 것들이다. 자연의 서정보다는 사는 얘기가 주종이다. 설익은 말이나 굳어진 생각들이 불쑥불쑥 볼멘소리를 토해 애를 먹고 있다. 수필이 짧아지는 추세이기도 해서 3매짜리를 몇 편 넣는다.

이번에도 이를 선뜻 챙겨주신 서정환 사장님의 후의와 유인실 편집장의 노고에 심심한 사의를 표해 마지않는다.

2009. 12.

최 병 호

목차

1부

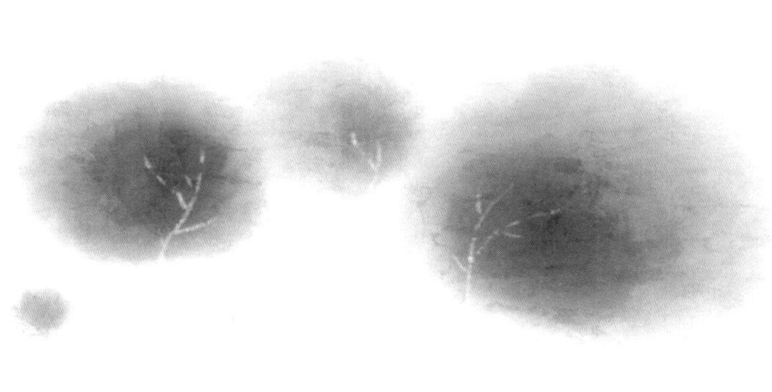

2부

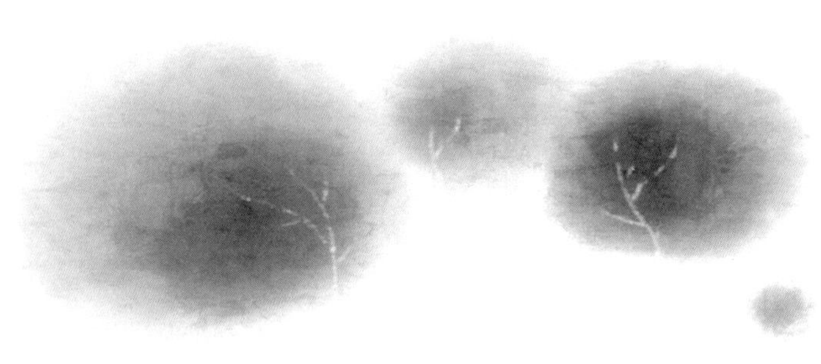

3부

4부

1부

요설饒舌

꽃보다 아름다운 것이 또 있을까? 눈여겨보면 꽃이란 각가지 색깔의 꽃잎들이 저마다의 수술들을 감싸고 있는 형상이다. 그게 왜 그렇게도 아름다운지! 엄청난 종류의 그 빛깔과 자태는 그야말로 천자만홍千紫萬紅의 천태만상千態萬象이다. 이를 한낱 '열매의 약속 차원'에서 본다면 종족번식을 위한 생식기관에 불과하지만 거기 웬 향훈과 꿀이 그렇듯 고혹적인지!

꽃들의 암수, 수술의 중신애비는 벌과 나비와 바람 등의 천사들이다. 그들을 부르기 위하여 꽃들은 울긋불긋 자태를 뽐내고, 향훈을 방산하고 꿀을 내놓아야 하는 것일까? 그 축제는 참으로 호사를 극한 것이다.

사람들은 다소곳이 피어난 꽃송이 속을 씽씽 드나들며 생명의 포물선을 종횡으로 그리는 천사들의 활기찬 그림에 빠져, 철마다 얼마나 많은 산야를 배회하는가! 그러면서도 정작 그들의 번식문제에는 별로 관심이 없다. 아니, 그 아름다움의 연장선상에 마땅히 따라야 하는 것으로 여기는 것 같긴 하지만.

여인들은 평생을 꽃처럼 아름답게, 꽃처럼 대접받으면서 살고자 한다. 젊은 여인들이 더욱 꽃답고자 화장을 하고 머리를 다듬는 것은 꽃 같은 심지心地로 무르익은 오랜 단장의 바탕이기도 하다.

그 바탕이 급변하는 시대와 더불어 대담무쌍해졌다. 바탕만으로는 꽃을 따를 수 없는 도도한 추세를 재빨리 읽어낸 것이다. 타고난 생김새를 예사로 뜯어고치고 있으니 말이다. 밋밋한 눈까풀이 쌍까풀로 그어지나 했더니 어느새 콧등이 우뚝해지고, 내민 아래턱이 잦아들고, 모난 턱뼈가 유순해지고, 들쑥날쑥한 치열이 가지런해지고, 그 밖에도 좀 미흡하다 싶으면 어디고 손대지 않는 곳이 없다. 이른바 S라인을 위한 거침없는 부풀리기와 빼기가 얼마나 치열한가.

부모님으로부터 받은 귀한 몸을 어찌 머리카락 하나인들 함부로 할 수 있겠느냐는 전설 같은 시대가 있긴 있었다. 그러나 서양식 부富의 맛을 본 오늘날의 자녀들은 제 얼굴 제 몸매의 '구조조정'을 '그렇게 부실하게 생산한 부모님들의 당연한 A/S 사항'이라고 여긴다니, 효孝도 이쯤 되면 상전桑田이 벽해碧海로 넘친지 오래된 꼴이다. 하긴 부모들 입장에서도 그게 자신의 '부실한 DNA'를 대외적으로 격상시킨 효과가 없진 않았을 것이다.

요즘 TV를 보면 출연자들이 남녀노소를 막론하고 모두 다 하늘나라에서 온 천사족 같다. 잔주름 하나, 티 하나 없는 용모에 활기가 넘친다. 서양 어디에 내놓아도 손색없는 수준일 것 같다. 어찌 보면 그게 단적인 우리 잠재력의 표상 같기도 하다.

우리는 원래 속부터 채우고 그것이 점차 겉으로 배어나는 것을 바람직하게 여겨왔다. 그건 글을 숭상했던 우리 조상님들의 겸허한 자세이기도 하다. 그렇지만 겉치레를 먼저 하고 뒤쫓아 속을 채우는 방법이 반드시 틀린 것이라고 단정할 수는 없다. 겉을 보고 그 됨됨이를 다 알 수는 없는 것처럼 속을 살핀다고 무엇을 얼마나 더 알 수 있을 것인가. 겉이든 속이든 무엇을 좀 안다고 해보았댔자 결국 사람이란 그런 차원보다는 어차피 한층 높은 존재가 아니던가.

여인들이 꽃처럼 아름답고자 온갖 어려움을 무릅쓰고 타고난 얼굴이나 몸매를 과감하게 조정하려하는 것은 자신이 자신을 그만큼 미적창조의 대상으로 여긴 탓일 것이다. 나는 여인들이 눈썹을 그리고 입술을 덧칠하고 콧날을 세워 저마다 균형 잡힌 입상立像을 창조해내는 것을 볼 때마다 그 미의식을 찬탄해 마지않는 자다. 날렵한 몸매를 위해, 아름다운 S라인을 위해 몸 구석구석에 남아도는 비계 덩이를 내쫓느라고 초근목피로 연명하며 빗줄기 같은 땀을 산하에 내쏟는 그 정성을 나는 존중해 마지않는다. 그 과정에 첨단 의료인들의 도움을 좀 받은들 어떠하리.

경계할 바가 없진 않다. 첨단 의료인들은 저마다 그들 영역의 독특한 전범典範을 가지고 있다. 그것을 누구에게나 똑같이 적용시키기 때문에 결국 비슷비슷한 겉치레가 되고 만다. 자신을 스스로 미적창조의 대상으로 삼으려 했던 의도와는 달리 그 얼굴이 그 얼굴인 '하향평준화'가 되어버린 것이다.

진실로 꽃답게 자길 가꾼다는 것은 자신을 한 작품의 대상으로 삼는 주체성의 심화라 할 수 있다. 겉치레 아름다움의 내면화다. 그런 의미에서 나는 여류수필가들의 그 천분이 여러모로 발현되기를 기대하고 있다.

꽃 시절이 오면 부쩍 혼례가 는다. 꽃들처럼 벌 나비를 부르기 위하여 축제를 펼치는 게 아니라 스스로 선택하고 선택되는 실존적인 잔치다. 사람들이 꽃 축제엔 빠지면서도 정작 그것들의 종족번식엔 무심하듯, 꽃 같은 신부 신랑의 겉치레에만 혹하다 보면 차대문제는 그 내실을 잃을 수도 있다. 우정 이를 거부하고 있는 사례도 있지만, 겉과 속의 절묘한 화합이야말로 꽃 같은 삶, 그 자체이며 그대로 수필적 삶이라 할 것이다.

('07)

전동열차 촌감寸感

서울 지하철 전동열차가 천안까지 오르내리고 있다. 수도권이 그만큼 넓혀진 셈이다. 통학생들과 출퇴근하는 직장인들이 여러모로 편의를 누리고 있다. 그 시간대의 전동열차 안은 대체로 평온한 분위기다. 책을 읽거나 이어폰을 즐기는 학생들, 조는 듯 명상에 잠기거나 신문을 뒤적이는 청장년층들, 주어진 우대優待를 다함없이 누리고 있는 자랑스러운 늙은이들이 나름대로 다 느긋한 표정들이다.

터널 속 공기가 어떠니저떠니하고 미세먼지들을 걱정하지만 겉으로 보기엔 아무렇지도 않다. 널브러진 종이쪽 하나도 없다. 더울 땐 시원하고 추울 땐 훈훈해서 마냥 편리하다. 선반엔 가방이나 배낭 따위들이 더러 얹어져 있고 보다 둔 신문들이 접혀 있다.

그래도 전동열차 안은 시정의 축소판 같다. 끼리끼리 웅성대고 지껄이고 웃고 거칠 것이 없다. 남이야 뭐라 하든 큰 소리로 폰에 매달리는 사람이 있는가 하면 혼자서 구시렁대는 사람도 있다. 전도에 열중하는 신도가 있는가 하면 물건 팔기에 침을 튀기는 장사들도 빈번하다. 단순히 적선을 구하는 어려운 발길도 있고…. 가만히 보고 있으면 참으로 가지가지다.

바로 내 옆자리에서 벌어진 시비是非다. “왜 내가 그럴 자격이 없느냐.”라고 구레나룻이 대든다. 안경 씨가 “당신, 건축업자라메요. 당신이 그렇게 욕해댄 사람들이 거의 건축업자와 짝짜꿍했던 인사들이요?” 하고 쏘아붙인다. “난 그런 일 없어요.” “그럴 테지요. 당신 같은 하청下請의 하청업자야 하청받을 사장에게만 매달리면 그만이니까. 그러나 당신 위의, 위의 윗사람들은 다 그렇게 해서 부자가 된 사람들이요.” “뭣이여!” 그러자 안경 씬 갑자기 주눅든 사람처럼 벙어리가 되어버린다. 구레나룻은 벌떡 일어나 식식거리며 일반석으로 가버린다. 경로석에선 이런 유의 이해관계 없는, 공연한 시비가 시도 때도 없이 얼굴을 붉힌다.

저만치서 특이한 말투의 선교의 말씀이 끼어든다. “인간이란 ~ 그렇기 때문에”로 끝맺곤 하는 차분한 말씀이 마치 국정

원의 당부말씀 같다. 귀를 쫑긋해본다. 시원찮은 내 청력엔 '인간이란 ~ 그러기 때문에'란 그 틀만 선명히 잡힐 뿐, 나머진 안개 속이다. '그만 하지!' '저런 말 때문에 믿을 사람도 있을까?' '에잇!' 하는 불만들이 여기저기 이어지더니 느닷없이 "시끄럽소!" 하는 폭음이 터진다. 문득 조용해지니 오히려 선교의 말씀이 뚜렷해진다. '공중도덕부터 지켜라!' 하는 2탄이 폭발하자 장로쯤 되어 보이는 노인장이 벌떡 일어나 "잘한다. 계속하세요." 하고 2탄 씨를 뚫어져라 쏘아본다. 선교 씨는 이 말을 어떻게 받아들였는지 서둘러 말씀을 마친다. 마치 '인간이란 ~ 그렇기 때문'인 것처럼. 싱겁게 끝난 미니 종교분쟁이라고 할까. 선교방법에 대한 쌓인 불만의 표출이라 할까.

내 자리에서 대각선상으로 보이는 출입문 옆에는 외침外侵을 수호하는 장승 같은 입상立像이 미동도 하지 않는다. 양감 있는 굳건한 자세다. 걸친 옷은 기존의 양식을 거부하기 위한 홍보물 같다. 바지는 펑퍼짐한 두 개의 두리기둥이다. 윗도리도 그런 식의 마대 위쪽 양편에 원통을 달아놓은 것이다. 벙거지는 '김삿갓'을 헝겊으로 덮씌운 것 같고. 오른쪽 어깨엔 '아무개의 밥주머니' 같은 가방이 묵직하다. 바지 가양의 오금 위아래엔 호주머니가 나란하다. 그 덮개 모양의 헝겊 쪽이 여기저기 파적破寂처럼 매달려 있다. 움직이기만 하면 춤을 출

것 같다. 색상은 해진 청바지 색으로 아무렇게나 짙기도 하고 흐리기도 하다. 나는 무연히 그에 끌려 눈길을 떼지 못한다. 이윽고 도착역을 알리는 방송과 더불어 감속이 이루어질 때, 장승이 홀연 뒤를 돌아본다. "아니, 이런!" 임꺽정이나 장길산의 후예쯤으로 여겼는데 이목구비가 수려한 달덩이 같은 미녀가 아닌가. 저런 미녀의 어디에 그런 개혁의지라 할까, 창의성이 도사리고 있었는지…. 걸어 나가는 걸음걸이가 묵직하기만 하다.

그 자리엔 바로 배낭을 멘 날렵한 커플이 들어선다. 어깨를 나란히 한 채 밖을 바라보는 그 뒷모습이 싱그럽기 이를 데 없다. 더불어 지향해야 할 어떤 이상이라도 모색하는 것일까. 배낭 속엔 무엇이 들어 있는지 공연히 궁금해진다. 이따금 살짝 퉁기는 동작이 무슨 의사표시의 화답처럼 정겨워 보인다. 한참을 지난 다음 다시 보니 그들은 어느새 각각 좌우로 45도를 돈 감밀甘蜜한 자세다. 창 밖은 이미 무연한 파노라마다. 눈도 귀도 닫히고…….

얼마 전에 본 정경이 겹쳐진다. 내 옆자리에 훤칠한 청년이 와 앉았다. 이내 묘령의 아가씨가 다가오고. 학생들인 듯. 당연히 자리가 바뀔 것으로 여겼는데 그대로 아무 불평 없이 이야기꽃을 피웠다. 거두절미한 말들이, 거시기 같은 대명사가, 눈짓이나 손짓이 그대로 소통이 되어 잘도 찡긋하고 웃어

대곤 했다. 어느새 남성의 무릎 사이로 가볍게 끼어든 여성이 손놀림으로 웃음을 대신했다. 남성의 면상이 작은 북이나 컴퓨터의 자판으로 용도변경이 되었다. 남성도 여성의 팔이나 복부를 가볍게 스치곤 했다. 남자의 손길이 느닷없이 내 앞을 가로질러 반사적으로 피했더니 여자가 그 손길을 재빨리 안으로 처넣었다. 흠칫하고 삼갈 것으로 여긴 내 의식은 역시 벌써 '지구를 떠났어야 할' 무용지물이었다. 그들의 표정은 평온무궁平穩無窮. 뻔뻔해진 세태인지, 열려진 소신인지? 턱없이 내가 머쓱해졌다.

주변에서 무슨 일이 일어나든, 누가 무슨 짓을 하든, 대부분의 젊은이들은 엄지손가락 통신에 여념이 없다. 이어폰 삼매경에 들기도 하고 무상無想의 정적靜寂에 빠지기도 한다. '군중 속의 고독'이니 '붙어있는 고도孤島니' 하는 말들의 실상이 여실하다. 그러나 그렇게 수련된 그들의 내실內實은 스스로의 대화를 위해 핸드폰을 접고 이어폰을 빼고 정적을 일깨워 그저 붙어있는 고도가 아닌 군도群島의 연대의식을 마침내 발현하게 될 것이다. 그런 성숙에의 귀결은 우리의 오랜 저류底流였으니까.

저녁 시간대의 전동열차 안은 하루의 분출구다. 경로석에선 '맥아더 장군의 동상을 왜 철거해야 하느냐.'는, 그런 유의 항변이 침을 튀긴다. 청장년 쪽에선 하루의 명암을 개그 판으로 연출하면서 끼리끼리 떠들고 웃고 팔을 휘젓곤 한다. 여가선용의 천재들은 '날 잡아 잡수.' 하고 앉자마자 곯아떨어진다. 나름대로 멋지게 꾸미고 나와 갈 곳 다 가고 할 일 다 하고 가볍게 귀가하는, 전동열차 속의 서민들은 그런대로 축복받은 나날이라 할 것이다.

왜 전동열차 안은 시종 그렇게 깨끗할까? 나는 이따금 그런 경탄을 왼다. 규제도 규제지만 그걸 타는 서민들의 시민의식이 그만큼 성숙해진 탓이겠지. 2002 한일월드컵 때 이미 그 본을 보여 주었던 것 아닌가. 그러나 같은 사람이 다른 대중교통수단을 이용할 땐 반드시 그렇지 못하니 그건 또 웬 일일까? 퍼뜩 구조적인 차이 때문이란 생각이 든다. 기차나 버스에는 그 좌석 칸막이에 가려진 공간이 좀 있지만 전동열차에는 그런 틈바구니가 없다. 가려진 그 공간에선 사실, 슬쩍할 방심이 생길 수도 있을 것이다. 그럴 틈바구니가 없고 보면 누구도 그 열린 시선을 피할 길이 없을 것이다. 이것은 바로 체면과 연관된 무제이기도 하다.

체면은 내심의 표상이어야 한다. 남의 눈길 유무에 따라 세워지고 접해지는 체면은 속물적인 변태일 뿐이다. 전동열차 안의 청결이 설사 그런 체면 세우기의 일단이 있다 할지라도 지금처럼만 이어진다면 그대로 무르익을 것 아닌가. 이것이야말로 청결의식, 공공의식의 내면화다. 그 내면화가 확산되기 시작하면 이 나라의 산하는 거대한 거울이 될 것이다. 덩달아 도시도 인심도 그만큼 생명력을 되찾게 될 것이다. 전동차의 단골손님들이여, 긍지를 갖자!

전동열차를 탈 때마다 나는 이런저런 편감에 젖으면서 나도 모를 미소를 짓는다.

('05)

정 따로 흙 따로

빼끔이 고향 냉천리冷泉里는 조금만 땅을 파도 물이 나왔다. 집 우물들은 그래서 거의 깊지 않았고, 장마철이 되면 객수客水가 스미기도 했다. 고샅 어귀나 중간쯤엔 차고 맑은 공동우물들이 있었다. 갈급한 더위 땐 집집마다 그 물을 퍼 나르기 일쑤였다. 다행히 빼끔이네는 이웃에 좋은 옹달샘이 있어, 온 식구가 그 물로 꿀컥꿀컥 땀을 식힐 수 있었다.

공동우물은 아낙들이 편히 앉아 물바가지를 쓸 수 있도록 잘 정리된 옹달샘이거나 아니면 두레박 두서너 개가 한꺼번에 오르내릴 수 있는 넓고 깊은 샘이었다.

빼끔이의 당산堂山 고샅은 돌다리 너머로 이어진 막다른 골목이었다. 왼편으론 대사립문집 담장이 나직하게 돌고, 길

건너 오른편은 꼬마들의 놀이터였다. 그 옆으로 시리고 투명한 옹달샘이 소쿠리 안 같은 명당을 누리고 있었다. 심층수가 천만 년 넘칠 것 같았다.

그 앞으론 뒷들을 적시고 온 도랑물이 돌다리를 지나 서샅길(동네 서쪽 길)을 내리씻으며 앞들로 빠져나갔다. 양도 넉넉하고 흐름도 좋아서 크고 작은 씻을 거리들은 다 거기서 제 바탕을 되찾아갔다.

어느 날, 빼끔이는 놀이터에 나왔다가 이상한 일을 보게 되었다. 어머니와 연산 아지매가 싸운 것이다. 아지매는 팔짱을 낀 채 화난 얼굴로 우물가에 서 있고 어머니는 허드렛물이 빠지는 새끼 도랑을 헉헉거리며 몽당비로 쓸어내고 있었다. "뭐 해?" "……." 빼끔이는 낄 자리가 아닌 것 같아 슬그머니 골목길 담 벽에 몸을 숨겼다. "뭔 상관이여?" "왜 그래요? 대체, 벌써 두 번째요." 서로가 팽팽했다. 갑자기 아지매가 교대나 하는 것처럼 어머니의 비를 빼앗아 세차게 쓸어댔다. 머뭇하던 어머니는 우물바가지를 가져와 도랑물을 퍼서 새끼 도랑을 줄곧 헹궈댔다. 이윽고 어머니가 일어섰다. 빼끔이는 재빨리 집으로 튀었다. 무슨 싸움이 그래? 삐끈(토라진) 것인가? 어머니와 아지매가 어찌 그런가?

빼끔이집과 아지매집은 위아랫집 사이다. 마당가를 가로지른 빼끔이네 집 아래채와 고방은 그대로 튼튼한 담이었다. 이어진 우물가 돌담에서 아래를 넘보면 바로 아지매 집 부엌의 뒷문이었다. 그곳은 어머니와 아지매의 희한한 접점接點이었다.

종부宗婦인 빼끔이 어머니는 시도 때도 없이 일손이 째였다. 그때마다 아지매를 부른 곳이 그곳이었다. 아지매도 거기서 어머니에게 동네방네 하리쟁이 소동을 구연口演하고, 자질구레한 소식들을 전했다. 먹을거리들도 다 그곳을 넘나들었다.

아지매와 어머니는 서로 싸울 사이가 아니었다. 빼끔이는 좀이 쑤셔, 어머니 방을 빼끔히 열었다. 어머니가 빙긋 웃었다. "왜 그래? 어머니!" "음, 별거 아니다. 샘가에 더런 걸 버렸어. 내 잘못이다. 못 본 척해라. 그러고 어런들 하는 일 기웃거리지 마라!" "응." 빼끔이는 층층시하의 장손답게 어른들의 말씀엔 '죽으라면 죽는 시늉'까지는 하는 아이였다.

해질 무렵, 어머니가 빼끔이에게 무슨 꾸러미 하나를 주면서 아지매집에 갖다 주라고 했다. 빼끔이는 '왜 샘가에서~.' 하고 말하려다가 꾹 참고 즉시 아랫집으로 달렸다. 마침 방문을 나서던 아지매가 "병 주고 약 주네." 하며 거들떠보지도 않았다. 재빨리 빼끔이가 "병들면 약 묵어야제." 하고 돌아섰다. 그 후에도 빼끔이는 그런 심부름을 심심찮게 했다.

겨울이 되어 물레 품앗이가 빼끔이집에서 있었다. 정오 사이렌이 불자 모두 자기 집 어른들 점심 차려야 한다며 서둘러

돌아갔다. 아지매는 가지 않고 어머니를 도왔다. 설거지를 끝내고 아지매 혼자 먼저 일을 시작했다. 빼끔이가 잽싸게 뛰어들어 옛얘기를 졸랐다. 늘 해오던 일이라 아지매는 못 이긴 척 시작했다.

"옛날 옛적에 앞뒷집에 성제(형제)같이 사이 좋은 두 아지매가 살았단다."로 시작된 얘긴 들어갈수록 까우뚱해졌다. 그래도 빼끔이는 재미있는 척했다. "하로는 앞집 아지매가 노망한 자기 시어매 똥걸레를 골목 들머리 샘에서 빨았는디, 그걸 본 뒷집 아지매가 자기 집 샘도 아니면서, 골목 사람이 다 묵고 지나는 길손도 묵는 샘에서 그것이 무슨 짓이냐며 소리소리 질러 쌈이 되었다."

빼끔이는 그 대목에서 속으로 '그게 그거 아닌데…. 아니, 그게 맞을 거라….' 하며 잠시 고갤 흔들었다. 때마침 품앗이꾼들이 되돌아오기 시작해서 얘기는 중단되고 말았다.

가는 세월과 함께 빼끔이는 학교 다닌다고 외지로 돌고 학업을 마친 후엔 또 직장 따라 줄곧 외지로만 돌았다. 그러는 사이 아지매가 이승을 뜨고 어머니도 뒤따랐다.

찬샘이 동네는 이제 상수도 시설이 완벽하다. 당산 고샅 들머리의 옹달샘도 묻혀진 지 오래다. 그런데도 수돗물을 허드렛물로만 쓰는 집이 있다니 이를 어떻게 풀어야 할 것인지?

빼끔이는 이따금 당산 골목을 떠올리며 어머니와 연산 아지매 같은 삶을 생각해 본다. 저승에서도 그렇게 살고 있는지? 빼끔이 자신의 삶은 또한 어떤 삶인지? 언젠가 그 곳에 가게 되면 먼저 그것부터 물어봐야지 하며 잠시 눈을 감곤 한다.

('08)

잡가축

오랫동안 반자를 팽팽하게 받들던 천장지天障紙가 문득 처지기 시작했다. 네 벽을 굳건하게 세우던 벽지도 슬금슬금 들뜨기 시작했다. 그러나 방마다 자리 잡은 세간들을 얼른 옮길 엄두가 나지 않았다. 서재는 서가 위에 책을 쌓아 천장과 맞닿게 하고 다른 방들도 가구 위에 천장과 맞닿을 적당한 물건을 끼움으로써 천장지의 받침대가 되게 했다. 요소요소에 호치키스 핀을 쏘아 확산을 막았다. 당분간 송두리째 쏟아질 일은 없을 것 같았다. 이러구러 지나는 동안 나는 마치 청빈淸貧이나 즐기는 사람처럼 사뭇 무심했다.

사달은 당시 새로 나온 단열재斷熱材에 있었다. 고무판처럼 탄력 있게 휘는 5밀리 스틸러플 판이 바로 그것이다. 그때 우리 집은 도톰한 마대풍의 한지 꽈배기 벽지로 온통 도배한 상태였다. 사제품이어서인지 퇴색이 빨랐다. 다시 도벨 하긴 해야겠는데 울룩불룩한 겉면이 문제였다. 우물쭈물하던 참인데 새참하게 그 물건이 나온 것이다.

도배공은 이에 본드를 넉넉하게 칠하고 초벽初壁하듯 아귀를 잘 맞춰 꼼꼼하게 붙였다. 네모공간이 온화하게 윤을 냈다. 흰색계의 은은한 벽지가 점잖게 그를 감쌌다. 새집에 새사람을 맞는 것 같은 기분이었다. 그런 도배를 그동안 서너 번쯤 누렸을까? 덧붙여진 무게로 도배지가 스틸러플에서 서서히 떨어지기 시작했다. 마침내 그 벽지들을 걷어내야 하기에 이른 것이다. 스틸러플은 흠 없이 건재했다.

번잡한 세간들은 아예 이삿짐센터에 맡겨버렸다. 그러고 나니 일은 단순했다. 벽지가 제대로 붙어 있을 수 있도록 스틸러플만 잘 덮어주면 되었기 때문이다. 천장은 비교적 높은 터라, 새로 틀을 짜고 석고보드로 마감하고, 벽은 그냥 석고보드만 붙이면 될 것 같았다.

나는 목수들 주위에서 잔일을 돕기로 했다. 천장을 짜는 목수가 각목을 창 설주 위를 가로지른 창틀에 맞대기에 그렇게 하지 말고 이미 있는 커튼 박스를 살려서 보기 좋게 마감해달라고 했다. 그는 마치 그 말을 기다리고나 있었던 것처럼 망치를 '탕' 놓아버렸다. 그리곤 담배를 꼬나물었다. 아니? 성질 한번 고약하고나. 그래도 내가 참아야지. "좀 귀찮아도." 하고 말문을 여니, 재빨리 그가 "그러면 천장이 무너져요." 하고 아니꼬운 표정을 지었다. 주인이랍시고 알지도 못한 주제에 '감 놔라 배 놔라.' 한다는 역정이 완연했다. 세상 참 많이 변했구나. 주객이 전도되어도 분수가 있지…….

"… 젊은이! 지금 뉘 집 고치는 거요? 무슨 선심 쓰고 있는 거요? 그렇게 기술이 없거들랑 그만두세요!"

한마디 던지고 나는 거실로 나와 버렸다.

이번 경우는 좀 다르긴 하지만 어떻든 집가축은 온 가족을 위한 보수補修다. 가족이 쓰는 데 최대한 편리하고 아름다워야 한다. 가족이란 가장 순수한 의미의 '우리'다. 서로가 서로를 기다리고 사랑하는 원초적인 관계다. 집은 그 우리를 언제나 편안히 쉬게 하는 곳이다. 충전의 기회를 주고 생각을 가다듬게 하는 곳. 저마다 제 일을 하면서도 네 것이니 내 것이니 가리지 않고 서로서로 돌려쓰는 정을 나누는 곳. 한 상에 둘러앉아 맛깔스런 음식을 즐기며 다함없이 얘기하고 웃곤 하는 화목의 그 공간임을 뉘 모르랴. 비록 작은 집일지라도 가축은 가축다워야 할 것이다.

이내 사장이란 사람이 지나다가 들른 것처럼 생글생글 나타나 휘둘러보곤 금방 또 오겠다며 나갔다. 그런 실랑이 끝에 가까스로 목수일이 마무리되었다.

모자가 함께하는 도배는 말없이 자상했다. 흰색계의 은은한 벽지가 추상追想의 정조를 십분 자아냈다. 마실 것뿐 아니라 과일까지 내온 아내의 표정이 벽지처럼 맑았다. 좋은 호응이었다.

불쑥 파격이 돋아났다. 빛 바랜 문과 창들이 문득 서글픈 표정을 지었다. 틈새로 들고나는 바람기가 새삼 불평의 귀띔 같았다. 거듭난 천장과 벽들이 훈훈한 연민의 정을 발했다. 어쩌지? 맞춰야지. 그렇다. 조화! 그건 창조주의 위대한 뜻이 아니던가!

순서가 바뀌었지만 자성하는 심정으로 그 교체공사를 시작했다. 송두리째 뽑아내는 일이 매우 조심스럽고 힘이 들었다. '쿵쿵, 쌩~, 직직' 하는 연장 소리가 먼지와 뒤범벅이 되는 난장판이 되풀이되었다. 뒤이은 틀과 벽 사이의 졸대 대기, 졸대와 벽지 사이의 도배 보완으로 모든 공사가 막을 내렸다.

티끌 하나 없는 거실에 아내와 나란히 앉았다. 차분한 분위기가 백의白衣의 코러스 같다고 할까. 은은한 평화의 종소리라고 할까. 단둘이 듣기엔 너무 허전했다. 그 자리는 온 가족이 함께 있어야 할 자리였다. 타계한 어른들이야 어쩔 수 없지만 아이들마저 다 제금나가 살고 있으니…. 가족의 분산이 새삼 안타까웠다. 아이들만이라도 불러야겠다는 생각이 들었다. 그들이 비록 아파트 한 뼘이라도 더 넓히기 위한 부릅뜬 속물이 되었다 할지라도 그 '원초적인 관계'로서의 따뜻한 소통은 반드시 일깨워져야 할 실존이기 때문이다.

집가축, 그 참뜻은 온 가족이 그 체온을 함께하는 데 있지 않겠는가!

('07)

짝힌 바람期待

어머니랑 작은어머니랑, 우리는 다 누나 집에 있었다. 그만 집에 가자고 내가 나섰다. 작은어머니는 말없이 어머니만 쳐다보고 어머니는 그냥 웃기만 했다. 누나는 손을 내젓고 자형은 나를 힐금했다. 나 먼저 가겠다며 일어섰다. 자형이 쪽지 하나를 얼른 쥐어주었다. 버스표였다.

버스 타는 곳을 아는 사람이 없었다. 한참을 허둥대는데 나직한 목소리가 "버스 타려고요?" 하고 물었다. 표를 내보이니 그 차는 이미 떠났다고 한다. 바로 차부車部로 가는 게 빠르다고 했다.

그가 일러준 대로 나는 뛰었다. 숨이 벅찼지만 쫓기듯이 마구 뛰었다. "아니, 죽기 내기라도 하는 거냐?" 느닷없이 가로지른 우렁우렁한 목소리가 긴 반향을 일으켰다. "뭐라고?" 화들짝 깨어 보니 여느 때보다는 반시간 남짓 늦어진 시각이다.

새로 장만한 기능성 체육복을 후닥닥 갈아입고 집을 나섰다. 늦어진 시간을 되찾아야 할 무슨 사연이라도 있는 것처럼 서둘렀다. 넓은 보폭으로 비교적 빠르게 정상까지 같은 리듬을 유지했다. 땀이 비 쏟아지듯 했다. 그런데도 신통하게 옷이 감기질 않았다. 그런 기능성이 새삼 국력의 한 자락으로 느껴졌다.

정상에서의 체조는 오히려 날아갈 듯했다. 땀에 주물러진 근육이 뼈까지 나긋나긋하게 만졌는지 아무렇게나 짜인 동작들이지만 그래도 제법 탄력이 더해진 것 같아 신이 났다. 들이쉴 때 한껏 하늘을 우러르고 내리쉴 때 한껏 대지를 안은 심호흡은 그대로 천지신명께 올리는 감사가 되었다.

내려올 땐 길섶 친구들에게 양해의 정을 표해야 했다. 올라갈 때 거들떠보지도 않은 채, 혼자서 식식거리기만 했기 때문이다. 좌우 길섶을 번갈아 돌아보며 나는 천천히 걸었다. 정상의 팔각정 신축공사에 드나드는 중장비 차량들이 길 가양에 빼곡한 풀 더미와 길바닥에 얽힌 나무뿌리 등에 숱한 상처들을 내놓고 있다. 부득이한 곳도 있지만 그렇게 보이지 않는 곳도 한두 군데가 아니다. 조금만 더 신경을 썼으면 좋았을 텐데…. 내내 씁쓸한 심정이 가시지 않았다. 그들에게 더러 있음 직한 오기傲氣 같은 과시성이 아닌가 싶기도 했지만 그건 알 수 없는 일. 어떻든 나는 아픔을 겪고 있는 길섶 친구들에게 이 모두가 복지건설을 위한 것이니 함께 이해하자고, 위로의 말을 되뇌었다.

"음, 이게 뭐야? 아니, 이럴 수가!?"

내려오다 말고 나는 덜컥 주저앉을 뻔했다. 팔다리의 힘이 싹 빠지면서 가슴이 마구 벌렁거렸다. 나도 모를 욕설들이 목구멍까지 튀어올라 한참 눈을 감아야 했다. 애지중지하던 한 나무의 주된 가지가 무참히 찍혀나가고 환하게 하늘이 드리워져 있지 않는가!

태조산 체육공원을 오르내린 사람들은 다 알 것이다. 그 자리, 그 나무를. 입구에 있는 절 뒤꼍에서 시작한 숲길이 100여 미터 남짓 직진하다가 오른쪽으로 10도 정도 살짝 꺾이는 지점地點, 바로 그 도출부에 서 있는 단풍나무를 말이다. 그걸 못 본 사람은 아마 없을 것이다. 더구나 그 앞엔 안내판까지 세워져 있어서다.

그것은 식목일 행사의 일환으로 심어졌던 나무다. 그핸 봄 가뭄이 기승을 부렸다. 등산길에 우연히 그 나무의 이파리가 유독 후줄근해진 것을 보게 되었다. 비가 오셔야 하는데…. 하산길에 이를 다시 보면서 도저히 그냥 내려올 수가 없었다. 그때만 해도 내 젊음이 그랬던 것 같다. 절의 협조로 구덩이를 파고 물을 한 양동이씩 날라다 부었다. 그 아래에 있는 또 하나의 그런 나무랑 두 그루를. 나는 땀범벅이 되었다. 더러 수고한다고 인사하는 사람도 있고 시청에서 나온 분이냐고 묻기도 했다. 못 볼 것을 본 것처럼 황망히 비껴버린 이도 없지 않았다. 그런 물주기를 나는 하늘이 비를 주시며 말릴 때까지 계속했다.

줄기가 한참 자라더니 Y자 형으로 갈라졌다. 길 쪽으로 뻗은 건 비교적 튼실한데 반대편의 것은 그 앞에 멋없이 솟은 리기다소나무의 방해 탓인지 시원찮았다. 그런대로 늘 가을한 자락을 곱게 물들여 지나는 이들을 기쁘게 했다.

어느 날인가 그 앞을 지날 때, 한 식물학 교수가 그의 유언대로 그가 사랑했던 한 나무 곁에 묻혔다는, 이른바 수장樹葬에 관한 기사가 떠올려졌다. 아, 내게도 그런 나무나 하나 있었으면…. 다시 그 단풍나무에 눈길이 갔다. 멋없이 솟은 그 리기다소나무가 문제였다. 느닷없이 그게 주먹패거리의 한 졸개처럼 느껴졌다. 총총히 박인 옹이는 그들 몸의 문신 같기도 하고 흉터 같기도 했다. 그런 주제에 단풍나무의 한편을 가로막고 괴롭히고만 있으니 말이다.

'삭둑 잘라버려? 무슨 힘으로.' '시장에게 호소해 봐? 좁쌀도 분수가 있지.' '그럼 방榜이나 붙여 봐?' 그게 무던할 것 같았다. 그리하여 나는 마음속에 방문을 초하며 몇 번이나 개칠을 했다. 컴퓨터에 찍어서 비바람에 젖거나 날리는 일이 없도록 코팅을 빈틈없이 해서 그 나무에 단단히 매달 것을 몇 번이나 다짐했다. 그 방문은 이렇다.

"이웃 단풍나무를 여러모로 못살게 군 저는 살 만큼 살았습니다. 이제 단풍나무가 너울을 활짝 펼 수 있도록 저는 이곳을 떠나고 싶습니다. 때늦은 이 후회를 이 산을 사랑하는 어르신들, 기꺼이 받아주시길 호소합니다. 년. 월. 일. 못난 꺽다리 올림."

그러고 보니 나야말로 꺽다리에게 양해도 구하지 않고 내 욕심을 그의 희망으로 덮어씌운 주제넘은 입장이 되었다. 그런 일은 아무나 하는 게 아닌데도 어쩐지 그렇게 해야 매듭이 풀릴 것 같았다. 그렇게 되면 그 나무 밑에 나도 묻혀질 것 같은 욕심까지 꿈틀거렸다. 나는 혼자서 '허허' 대목을 쳤다.

어떻든 나와는 그런 관계의 나무가 갑자기 변을 당했으니…. 어떤 폭력이 어디를 가하면 그런 참상이 연출되는 것인지 알 수 없으나 큰 줄기가 찢어져 내렸다. 그래도 일말의 양심은 있었던지 찍힌 줄기의 중간을 톱으로 잘라 밑에까지 찢어지게는 하지는 않았다. 그 부분이 벌어진 상태로 방치되어 아픔을 더했다. 아- 세상 참?

멍하니 서 있으니 새벽의 그 꿈이 걸렸다. 누나 집에서 나와 버스를 타지 못하고 방황하고 정류소를 찾아 내닫다가 제재당하고 놀라서 깨는 그 일련의 일들이 이 사고와는 전혀 무관한 것일까? 무슨 예시적인 의미가 있을 것 같은 일렁임을 저버리지 못했다. 이윽고 발길을 돌리며 긴 한숨을 토했다.

그래, 단풍나무의 아름다운 가을은 '찍힌 바람'이 되고 말았구나. 그런 게 어디 한두 가지뿐일까만…….

('06)

찹쌀엿을 먹으며

"아, 찹쌀엿!" 선물 꾸러미를 풀다 말고 나도 모르게 쏟아진 감탄이다. 손가락만큼씩 그만그만하게 잘려진 도막들이다. 담황의 하얀 살결이 도독도독 앙증스럽게 여리다. 반쪽을 잘라 입에 넣어본다. 이 사이사이에 녹아 붙으면서도 '쩍쩍'하진 않고, 단맛이 감돌면서도 '싸'하게 목구멍을 쏘진 않는다. 아련한 입력이 있었던가 싶다. 덩달아 앳된 추억 하나.

"너, 시방 뭐하냐?" 나는 갑자기 '동작 그만!'에 걸린 훈련병처럼 빳빳해졌다. 아니, 파킨슨병 환자처럼 덜덜 떨었다는 편이 옳을 것이다. 이윽고 "하나만 묵어라. 친구들 오면 뭐 줄래?" 하는 어머니의 나직한 용서에 나는 길게 숨을 내쉬며 쥐고 있던 엿 도막을 얼른 입에 넣고 손을 털었다. 돌아서보니 콩가루가 턱밑 앞자락에 뽀얗고 바지 옆구리에도 묻어서 "이 도둑놈아!" 하고 외치는 것 같았다.

나는 명색이 사당祠堂을 모신 종가의 장손으로 어른들의 제물祭物에 대한 유다른 정성을 보아왔지만 엿을 집에서 만든 건 고작 두서너 번이 아니었나 싶다. 그게 그래도 생생한 일화를 하나 남겨주었으니 고마운 일이다.

그 무렵 나는 어머니 방 뒷방의 장롱 서랍과 선반을 진리의 보고처럼 섭렵하는 학동學童이었다. 하루는 거기서 낯선 '백자 항아리'를 탐색했다. 열어보니 콩가루단지였다. 금방 '콩고물 밥' 생각이 굴뚝처럼 치솟았다. 밥을 챙겨 와 고물을 한 수저 뜨는데 무엇인가가 가치작거렸다. 푹 떠서 사발에 넣고 털어 보니 뜻밖에 엿이었다. 엄지손가락 한 마디만 한, 먹기에 아주 '안성맞춤'의 크기였다. 무슨 엿인지도 모르면서 그때부터 나는 시도 때도 없이 그 단지를 '그저 지날 수 없는 참새'가 되었다. 그러다가 홀연 들통이 난 것이다.

며칠 후, 나는 친구 넷을 불러 '터밟기'라도 하듯 쿵쿵거리며 숨바꼭질을 했다. 마침내 어머니가 종구라기를 들고 웃으며 나타났다. 가슴이 뿌듯했다. 속으로 얼마나 으쓱댔는지 모른다. 어머니는 친구들에게 엿을 한 개가 아니라 두 개씩 나누어 주었다. 마지막으로 내 차례데 종구라기에는 달랑 하나가 남아 있었다. 동글해진 내 눈빛을 어머니는 정면으로 받으며 "니는 주인 아니냐!" 하고 그 한 개를 손안에 꼭 쥐어주었다. 그 손길이 유난히 따듯하게 느껴졌다. 어머니의 그런 심지를 그땐 얼른 헤아리지 못했지만 어쩌면 나는 그걸 내내 여러모로 공그르며 살아온 것 같다.

단것을 좋아했던 나는 엿이라면 아무 종류나 가리지 않았다. 그런데 산업사회의 출현과 더불어 엿을 능가하는, 달고 단 먹을거리들이 지천으로 쏟아지는 바람에 엿은 역사의 뒤안길로 밀려날 수밖에 없었다. 더러 인사동 같은 회고조懷古調의 거리에 비슷한 모습들이 나타나긴 했지만 거기서 나온 맛은 그냥 어설픈 상품일 뿐, 본맛을 되찾은 것이라곤 할 수 없었다.

엿에는 특이한 '붙이기 속성'이 있다. 이 속성이 잊혀가는 엿의 효용가치를 되살리고 있으니 참으로 신묘한 일이다. 입시를 앞둔 학생들을 물론, 각종 경쟁의 문을 통과해야 할 많은 사람들에게 엿은 '주술적 영험'을 발현하는 선물로 각광을 받게 된 것이다. 전통적인 생명의 오지랖은 그렇게 넓은 면이 있었던 것일까! 퍼뜩 '장승의 변모'가 떠올려진다.

장승은 일찍이 마을이나 고을의 수호신이었다. 인지의 발달과 더불어 그 '수호의 영험'이 가셨을 때 장승은 당연히 역사의 뒤안길로 사라지는 줄 알았다. 그러나 그것은 전래적인 민족적 서정을 다함없이 방산하는 '조각 예술품'으로 다시 태어나 우리를 기쁘게 해주고 있지 않는가! 엿의 '주술적 영험'의 발현이 바로 그런 변모라고 한다면 지나친 말이 될까.

찹쌀엿을 씹으면서, '그래, 그게 그거였구나!' 하는 의식을 되찾는다. 고교시절 나는 토요일이면 집에 갔다가 월요일 새벽 첫 버스를 타는 '도시유학생'이었다. 중간쯤의 한 정류소에 닿으면 "찹쌀엿이요, 찹쌀엿!" "달고 맛 좋은 옥과 찹쌀엿이요!" 하는 혼성창混聲唱이 귀청을 마구 후벼댔다. 언제나 만원 버스의 통로 신세였지만 그래도 몸을 비틀어 몇 번인가 그 엿을 사 먹었다. 그 맛이 바로 이 맛이었다. 불쑥 "그건 상품이 아니던가?" 하는 의문이 스쳤으나 황급히 고개를 젓는다. 그때 그것을 만들었던 분들은 6 · 25 휴전 후, 어려운 가계에 조금이나마 보태려고 정성을 다했던, 친지 어머님처럼 순박한 우리 농촌의 어머니들이었기 때문이다.

생각하면 그때 내가 그 높은 경쟁률은 뚫고 단번에 대학에 붙었던 것도 그 찹쌀엿이 주술적 영험을 발현해준 덕이 아닌가 싶다. 그 땐 대학에 붙어야 병사구사령부兵事區司令部에서 발행하는 '전시학생증'을 받고 징집徵集이 보류되었기 때문에 너도나도 대학을 지원하던 시절이다. 어느 대학 어느 과를 불문하고 10대 1, 20대 1이 보통이었으니 그게 어디 쉬운 관문이었던가 말이다.

나는 찹쌀엿 하나를 입 안에 넣고 저절로 녹아나는 맛을 굴려본다. 어딘가 미흡한 것 같은 묘한 감칠맛이다. 마지막엔 작은 알맹이 서너 개가 혀끝에 머문다. 자근자근 씹어보니 구수한 맛이 확 퍼진다. '아, 숨겨진 정성이란 바로 이런 거구나!' 웃음이 절로 났다. 그리고 턱없이 한마디하고 싶어졌다.

"엿의 붙이기 영험을 바란다면 정성을 다해 손수 만드시라!"고.

('08)

창가에 앉아서

창 밖에 자양滋養이 내린다.

도랑물처럼 잦아든 강기슭의 푸석한 모래톱이나 거북등처럼 갈라진 호숫가의 흙바닥 등이 '애비 기다리는 흥부 자식들' 짝이 된 지 오래다. 이미 시들먹해진 나무 잎이나 풀떨기들을 말해 무엇하리. 길게 뱉은 농사꾼들의 뽀얀 숨결이 벌써 내년과 이어지고 있으니…. 예전엔 바람처럼 때 맞춰 오던 솜털 같은 친구다. 왜 그렇게 늦장을 부려, 귀한 손님으로 애를 태운 것일까?

나는 거실 창가에 커피 보틀을 앞에 놓고 느긋하게 앉아 있다. 나무 끝 잔가지 하나 흔들리지 않는 날씨다. 크고 작은 눈송이들이 촘촘히 흔들거리며 내려온다. 떠받치고 있는 공기

空氣를 제 무게만큼 이리저리 헤치며 용하게 제자리를 찾아 앉는다. 그 어지러운 그림이 아니, 그 힘겨루기의 질서가 놀랍기 이를 데 없다. 귀를 세우고 눈을 감으면 신묘한 변주變奏를 들을 수 있을 것도 같다.

삽시간에 순백의 감촉이 소록소록 쌓인다. 높고 낮고 곱고 추한 여러 몰골들이 한 이불 속에 조용히 묻힌다. 어머니의 따스한 손길 같다. 두루 열린다는 게 저런 모습들일까? '지구촌'이니 '글로벌'이니 하는 말들의 표상이 또한 저런 것일까?

기술과학은 과연 거대한 지구덩이를 한 촌락으로 만들었다. 동네 고샅길을 대지大地에는 물론, 대양大洋 대공大空을 가릴 것 없이 마치 거미줄처럼 사방팔방으로 얽고 있다. 사람들은 거창한 그 문명을 마치 마실(을) 가듯 즐긴다. 그러나 그 빛 못지않게 드리운 그늘도 짙다. 그 그늘들을 어찌할 것인가, 글로벌주의가 과연 감당할 것인가?

'솜털 같은 좋은 친구'가 늦장부린 '귀한 손님'이 된 까닭이나 뜻있는 사람들을 크게 걱정케 하는 녹아나는 빙하氷河 문제 등이 다 그런 것과 연관된 일이 아닌가. 나는 주제넘게도 그런 잡상雜想에 부대낀다. 스스로 겸연쩍어 피식 웃으며 커피를 홀짝인다.

창 밖엔 '모래톱'이나 '흙바닥' 등을 다독거리던 귀한 손님이 '농사꾼들'의 내년을 약속이라도 하려는 듯 줄곧 멀리멀리 퍼진다. 어디선가 "바깥에 나가야제—." 하는 앳된 소리가 들린다. 하늘에서 내리는 소린지 내 안에서 울려오는 메아린지 아득하다.

소년의 전투모, 귀돌이, 입마개가 후끈하다. 가지색 잠바(점퍼)가 유난히 눈에 띈다. 그건 그 시절의 하꾸라이힝(舶來品:수입품)이다. 장갑 낀 주먹손이 제법 당차다. 또래들이 고샅 앞 외배미 빈터로 꾸역꾸역 모인다. 눈을 뭉치기엔 아직 이르다. 외배미 두렁트랙을 뛴다. '이찌 니'(하나 둘) 하면 '산 시'(삼 사)로 받는 달음박질이 귀엽다. 그래도 마지막엔 선착순을 가린다.

소년의 입에선 증기가 훅훅 쏟아진다. 입마개는 언제 벗어 넣었는지 알 수 없다. 선착을 향해 안간힘을 쓴다. 한 발짝 올라서는 돌머리에서 갑자기 넘어진다. 종착점에서야 옷을 턴다. 왼쪽 무릎과 팔꿈치에 긁힌 자국이 선연하다. 소년은 가만히 주먹을 쥔다.

눈싸움은 눈 내리는 모습만큼이나 분분하다. 소년은 어느 한 녀석을 집중적으로 겨냥한다. 실수처럼 하나가 얼굴에 명중한다. 소년은 얼떨결에 좇아가 사과한다. 녀석은 '내가 누구냐.'며 폼을 잰다. 소년은 긴 숨을 내뱉으며 가만히 웃는다.

'진짜 바깥에 나가봐? 허튼소리!' 나갔다 하면 '엣취!' '쿨룩!'은 기본, 으슬으슬 눕게 마련이지. 어쩌다 자빠지기라도 해봐, 무슨 변이 날지?

사실, 눈 오는 날의 서정도 외배미 빈터 때와는 사뭇 다르다. 우선 나부터 그럴 근력이 없지만 그렇게 모일 또래들도 없다. 바깥에 나가보았댔자 거미집 같은 사통팔달의 교통망을 틔우기 위해 기기들이 잽싸게 한편으로 눈을 쓸어 붙이니 볼썽만 사납다. 솜털 같은 눈이 아니라 새까만 속진俗塵더미다. 포도도 빙판이 도처에 숨어 마실 길이나 출퇴근길을 유격대처럼 기습하고 있다. 얼마나 달갑잖은 비시적非詩的인 대상이 된 것인가. 바깥보다야 창가 이 자리가 내겐 더없는 새 궁전이다. 또 커피를 한 모금 음미할밖에.

마당의 눈은 쓸지 않으리라. 땅속으로 하늘로 다 스미고 증발할 때까지 옛정을 그대로 누리리라. 퍼뜩 비 생각이 겹쳐진다.

겨울이면 이것저것 구별하지 않고 어머니 손결처럼 따뜻한 흰 이불을 골고루 덮어주던 눈이 왜 계절이 바뀌면 비가 되어 덮인 이불을 다 쓸어내고 그야말로 청천백일하에 여러 빛깔 여러 모습들을 낱낱이 들춰내는가. 그 변조變調가 무엇일까? 밤과 낮 같은, 휴식과 활동의 시현일까? 그 깊은 뜻이 아득하기만 하다.

눈과 비는 과연 역행인지, 순환인지, 휘뚜루마뚜루 순리인지 새삼 까우뚱해진다.

창 밖엔 쉼 없이 눈이 내린다. 이런? 어느새 커피 보틀이 비었구나!

('09)

창 밖엔 봄이 돋고 있는데

자네 편지 받고 착잡하이.

쾅 하는 충격을 얼른 추스르지 못해 몇 번이나 긴 숨을 내쉬었네. 뭔가 위안의 손길을 내밀고 싶은데 말문이 막혀 이리저리 눈길을 굴렸지. 나도 모르게 '창 밖엔 봄이 돋고 있는데….' 하는 연둣빛 희망이 샘솟았어. 자네의 회의적인 자문自問이 아니더라도 자네의 그 입원은 여러모로 푹 좀 쉬라는 권유가 아닌가 싶네.

지난해, 자네도 잘 알고 있는 내 고종姑從 아우가 이승을 떴네.

언젠가 어느 상가喪家에서 만났는데 마치 지나가는 남의

애기처럼 "형님! 나 위암이래요." 하고 웃더군. "거 무슨 소리, 수술은?" "안하기로 했어요. 좀 퍼진 것 같다곤 하면서도 병원에선 꼭 해야 한다고 하는데, 이리 고생하나 저리 고생하나 그게 그것 아니요?" 너무나도 담담해서 결국 이런저런 걱정들만 잠시 나누고 헤어졌지. 그리곤 깜박했는데 홀연 부음을 접했어. 다 제치고 달려갔지. 웃고 있는 영정을 대하니 체면없이 눈물이 쏟아지더군. 그런 가운데에서도 아우는 아무것에도 매달리지 않은 채 제 판단 제 힘으로 '순리의 문'을 뚜벅뚜벅 넘어간 '위대한 사람'같이 느껴졌어.

자넨 '하고 많은 사람 중에 하필이면 왜 나여야 하느냐.'고 반문했네. 옳은 말이야. 전적으로 동감일세. 자네가 평소 술을 했나, 담배를 피웠나, 노름 같은 딴 눈을 팠나? 직장에 충실하고 아이들 교육과 집안일 꾸리기에 전념한 건전한 살림꾼이었지. 그런 자네에게 위암이란 당찮은 손이야.

친구들이 자넬 '걸어다니는 도덕교과서'니 '법 없이 살 사람'이니 심지어는 '씨받을 사람'이니 하고 좋아하는 건 다 아는 사실이지. 자넨 남 밟고 앞서려 하지 않았고 남 속여 잇속 챙기려 하기 않았지. 정신적인 어떤 천착 때문에 크게 스트레스 받은 일도 없었지 않나. 그런데도 많고많은 병 중에 하필 그 고약한 것이란 말인가? 아무래도 잘못된 것일시 분명하네.

미루어보면 병이란 착하고 성실하다고 해서 안 걸리고 악하고 게으르다고 해서 걸리는 건 아닌 것 같아. 좀 억울해도 일단 그런 생각일랑 털어버리세.

생로병사生老病死란 게 뭔가? 글자야 다 각각이지만 실상은 두루뭉술한 한 덩어리 아닐까. 태어난다고 하는 것은 바로 죽음을 향한 출발이 아닌가. 하루를 산다고 하는 것은 하루를 늙는 것이고 또 죽는 것이지. 산다는 걸 소박하게 보면 움직이는 것 아닌가. 가만히 있지 않고 움직이기 때문에 삶이란 마냥 불안한 것이지. 불안하니까 안정을 위해서 더욱 움직여야 하고 더욱 움직이다 보면 결국 무리가 오게 마련이지. 그게 병이라는 이름의 에스오에스가 아닌가. '골골 80'이란 속담이 있지. 그 체질은 그 무리를 알리는 전달체계가 민감한 것이고 자네 같은 경우는 그게 좀 둔한 편이 아닌가 싶어. 그러니 우선 차분해지세.

창 밖엔 봄이 돋고 있네. 눈을 감고 겨울을 참선하던 나뭇가지들이 눈두덩을 비비고, 흙에 묻힌 크고 작은 씨앗들이 껍질을 깨고 흙더미를 치미는 봄이 돋고 있네. 햇볕과 바람과 실비가 시도 때도 없이 자양의 손길을 뻗치는 이 코러스! 순환의 생동감이 넘치네.

자네, 창가에서 이 코러스를 즐기게. 호흡을 함께하는 휴식과 정양을 하게. 평소 자네가 이웃들과 감사하며 살아온 그 자세로 차분히 자연과 리듬을 맞추고 그 빛깔과 향훈과 체온을 나누게. 그 생생한 기를 크고 길게 마시고 뱉어내게. 말 안 해도 자넨 이미 시행하고 있을 것으로 믿네만 재삼 강조하는 바네. 그럼 자네의 봄은 분명 돋을 거야. 그렇고말고!

봄의 서기와 자네와 자네 가족과 의료진을 철석같이 믿는 우리 믿음 이들이 곧 떼지어 찾아감세.

그럼, 그때…….

바람과 더불어

– 8인의 문학향기에 부쳐

그 빌라의 슬래브 지붕 위엔 현대판 사랑방 같은 옥탑방屋塔房이 하나 있다. 남북으로 가로놓인 테이블에 마주앉고 보면 그게 꼭 남창과 북창 사이를 잇는 가로수 길 같다. 하긴 진작부터 창문이 열릴 때면 각가지 바람들이 제 길이나 되는 양 재빨리 모여든 터수이긴 하다. 거기 모인 사람들은 그래서 다 바람과 더불어 사는 사람들이라고 자처하고 있다.

바람은 맛도 향도 모양도 없는 순수한 힘이다. 기압의 변주에 따라 숱하게 실체를 달리하는 특이한 생명현상이다. 옥탑방 사람들은 그런 정황을 줄곧 얘깃거리로 삼고 있다. 창문을 넘어온 애무와 쓰다듬을, 창 밖을 맴도는 스산함과 에는 매움을, 아니 그 같은 우리 삶 자체를 미주알고주알 침을 튕기며 따지기 일쑤다.

옥탑방 사람들은 이런 의사소통이 저마다의 특이한 연출이어서 그 실제보다는 그에 얽힌 연관이나 감정의 미화에 치우치게 되는 것을 어찌하지 못한다. 그리하여 이를 글로 바꾸고 있다.

글은 말을 글자로 붙드는 일이다. 그러나 단순한 어문일치語文一致는 아니다. 말의 내용을 주제가 분명하게 짜는 글자의 통제다. 문법체계의 규칙에 따른 정리다. 수필쓰기는 이에 문학적 감동을 더하는 리얼리티다.

옥탑방 사람들은 그래서 모일 때마다 글을 써 와서 각가지 바람을 쐰다. 제목, 주제, 소재를 살피고 낱말, 문장, 단락 등을 따진다. 주어, 목적어, 서술어, 그에 덧붙여진 말들을 정연하게 배치하면서 그 질서가 곧 문장 구성의 수순이 되는 문리를 익힌다. 저마다 초고지草稿紙는 자연히 첨삭투성이다. 결국 네 밑천 내 밑천을 다 털어서 다시 시침을 하고 공그리게 마련이다.

명산인 북악산 줄기에서 내리닫아 남쪽의 대모산 줄기를 넓게 감돌곤 하는 신령한 바람과 더불어 문심을 닦아온 옥탑방 사람들은 그 바람결에 여릿한 문향을 띄운다. 정겨운 박수를 보내 마지않는다.

('08)

책들을 싸 보내며

언제 어떻게 누구에게 보낼까?

문득문득 되뇌던 걱정거리였다. 그때마다 조금은 화도 나고 억울하기도 했다. 책을 사 들이고 간수해 오면서 기대도 아롱진 바 있었는데 그것들을 어디론가 보내야 할 궁리를 하게 되었으니 말이다.

내가 책을 모으기 시작한 것은 중학생이 되면서부터다. 방과 후 귀가할 때면 별일이 없는 한 반드시 책방엘 들렀다. 사고 싶은 책이 눈에 띄면 금방 좀이 쑤셔서 견딜 수가 없었다. 책값을 타내기 위한 나의 거짓말이나 꼼수는 지금 생각해도 얼굴이 붉어질 지경이다. 어머니는 그런 걸 빤히 알면서도 "이번만이다." 하고 노상 속아주셨다. 그렇게 사들인 것

중 엉터리가 한두 권이 아니었다. 예를 들면 '모리스 쿠랑'이 쓴 ≪조선문화사 서설≫이라는 책이 그런 것이다. 중2 때의 일이니 말이다. 이런 식의 책 사기는 고등학교 시절까지 대동소이했다. 대학 때는 그렇게 자주 책방을 들르지 못했다. 이따금 충무로나 광화문 서점가를 순례했지만 눈만 휘둥그레 굴렸을 뿐 선뜻선뜻 살 엄두를 내지 못했다. 그러나 기적 같은 행운이 전혀 없진 않았다. 그런 것 중 하나가 무턱대고 ㅇ형의 직장을 기습한 일이다. 나로선 불가접근의, 아니 신비의 처소이기도 했던 청진동의 그 요정料亭을 가슴을 콩닥거리며 쳐들어간 것이다. 운 좋게 ㅇ형이 막 대문을 나오고 있었다. 나는 체면 몰수하고 "꼭 사야 할 책이 있는데." 하고 숨넘어가는 소리를 했다. 그는 머쓱한 표정을 짓더니 말없이 안으로 들어갔다 나왔다. "다급했구나." 하며 돈을 건네주었다. 그는 고향에선 성공 케이스로 소문이 자자한, 같은 동네 아랫말에 사는 선배로 그 요정의 지배인이자 집사였다. 그렇게 해서 사들인 책이 동경대학 불문학회에서 펴낸 ≪불란서 문학사전≫이다.

학교를 마치고 잠시 어떤 잡지사의 편집을 도운 일이 있었다. 당시 '갈채다방'은 문인들의 집합소였다. 원고 청탁이나 수령은 그곳에서 거의 이루어졌다. 그런 일로 조연현 선생을 만났는데 뜻밖에 그분으로부터 그분이 주관한 ≪현대문학≫

지를 듬뿍 얻게 되었다. 창간호부터 열일고여덟 권은 되었을 것이다. 그 후, 나는 ≪현대문학≫을 다달이 사 모으는 신도가 되었다. 중간에 나온 ≪자유문학≫지도 폐간이 될 때까지 다 사 모았다. 훨씬 늦게 나온 ≪문학사상≫지도 처음부터 빠짐없이 사 모으다 퇴임 무렵에 ≪현대문학≫과 함께 사길 중단했다. 그 밖에도 몇 권 나오다 만 ≪지성≫ 같은 잡지 등을 꼬박꼬박 사 모았다.

'내 돈 주고 살 책은 평생을 서가에 꽂아두어도 부끄럽지 않을 고전이나 양서에 국한하고 그렇지 못한 일과성一過性의 책들은 다 도서관을 이용하는 게 현명하다.'는 말을 익히 듣고 있었지만 나는 '되바라진 잘난이'였다. '그게 무슨 소리? 고전이나 양서는 수요만 있으면 언제든지 다시 나올 수 있는 책이지만 잡지는 시기가 지나면 살 수 없는 책이 아닌가. 모아야 할 건 그 희소가치지, 무슨 소리야.' 그리하여 나는 더러 때를 놓치거나 책을 잃어버렸을 경우도 반드시 본사에 연락해 이를 보충했다.

이런 일련의 책 모으기는 교직에 취업한 내 안정성과도 무관하지 않다. 그러나 그 하이라이트는 어쩌다 내가 문단인 명단에 끼게 되면서 받기 시작한 기증서의 격증이라 할 수 있다. 아내는 '집 내려앉겠다.'고 걱정을 태산같이 했다. 그도 그럴 것이 방문과 전면의 분합 창문을 뺀, 온 벽면의 서가는 이미 오래전에 초만원이 되었고 서가 위도 북엔드(book end)를 이용한 이중 책꽂이가 되어, 길게 꽂힌 책들이 천장을 떠받치는 볼썽사나운 형국이 되었으니 말이다.

"잡지부터 없애야죠." 아내의 그런 말은 컴퓨터 시대에 더욱 힘을 얻은 옳은 지적이지만 내겐 야릇한 직격탄이기도 했다. 도서관에서는 잡지를 책으로 취급하지도 않는다. 그런데도 이를 희소가치 운운하며 사 모은 '내 인생의 황금기'가 그야말로 잡지雜紙같이, 폐지廢紙같이 느껴져서다.

건물의 안전을 위해서 책들을 아래층으로 옮기기로 했다. 차제에 책들을 보낼 만한 곳이 있으면 과감히 보내려고 여기저기 탐문해 보았다. 대학도서관이야 언감생심이었다. 학교도서관과 공공도서관을 몇 군데 노크해보았다. 신간도서 전시공간이 날로 좁아져서 걱정이라는 푸념들이었다. 집안 젊은이들 중에 혹시 문과를 하거나 장차 그걸 지원하려는 자가 있나 하고 수소문해 보았지만 역시 적막강산이었다.

그래도 세상은 곳곳에 빛이 도사리고 있었다. 우연히 신아출판사 서정환 사장과 이런저런 얘기를 나누던 중에 뜻밖에 그 자리에서 한 빛을 얻게 되었다. 서 사장이 폐교된 초등학교에 도서박물관을 세운다는 것이다. 귀가 번쩍했다. 벌떡 일어나 악수를 청했다.

나는 흐뭇한 마음으로 앞에서 얘기한 잡지 더미들과 대물

림된 사서삼경 및 그 언해諺解 일습과 그 밖에 약간의 책들을 정성스럽게 싸, 서 사장이 보낸 트럭에 편안히 태웠다.

잡지, 아니 폐지같이 허무하게 버려질 뻔한 내 '황금기의 그 아름다운 오류'가 그래도 조금은 빛을 볼 것 같은 기분이 들었다.

('07)

선망의 적的

우송 선생을 처음 뵙기는 수필문우회에서다. 수척한 풍모가 지성의 곳집 같았다. 범접하기 어려운 카리스마가 있었다.

합평회 때마다 나는 꼼짝하지 못했다. 높지도 낮지도 않은 톤의 마무리 말씀이 하냥 날 사로잡곤 해서다. 수필가는 '작품보다 인품이 먼저'라며 어설픈 작품 발표에 급급하지 말라는 당부 같은 게 바로 그런 것이다. 나는 그런 유의 말씀들을 마치 내 말처럼 즐겨 원용하곤 했다.

일제하 선생의 학력에 대한 얘길 듣고 깜짝 놀랐다. 그 유명한 상꼬三高를 거쳐 아까몽슈사이(赤門秀才, 붉은 문은 동경대 교문)가 되었다니 신화 같은 얘기가 아닌가!

'50년대 초, 우리도 6년제 중학교를 3년 수료하고 입학하는 고교가 생겼었다. 문과 이과 각 25명. 나는 그 문과생이었다. 어느 선생에게 일제하 1 · 3 · 5고의 명성과 학생들의 기행과 그에 대한 너그러운 사회분위기 얘길 자주 들었다. 그 중에 나도 흉내내본 기행이 하나 있다.

북 밴드(book band)다. 강한 철사를 밴드 넓이보다 좀 넓게 정삼각형으로 접어 양끝이 맞닿은 저변에다 밴드를 길게 매단다. 이 버클을 책 더미 한가운데 놓고 밴드를 밑으로 한 바퀴 돌려 빼고 다시 좌우로 돌려 쳐들면 책 더미가 대롱대롱해진다. 이를 어깨에 멘다. 끝을 발뒤꿈치까지 늘어트려 보는 희작을 여러 번 했다. 비가 와도 아랑곳없이. 우송 선생도 그리하셨을까?

나는 그런저런 얘기들을 선생에게 여쭈어 보고 싶었다. 그러나 시답잖은 것 같고 또 어려워서 용기를 내지 못했다. 더구나 학제변경으로 6년제 중학교가 중 · 고로 나뉘면서 기존 고등학교는 매머드 중5에 묻혀 얘깃거리도 죽고 말았으니….

우송 선생은 타임머신을 탄 어느 시점에 의연히 선망의 적으로 우뚝하시다.

주먹 예찬

내게도 주먹이 좀 있었으면 좋겠다. 빈약한 팔에 이어진 탓인지 한껏 쥐어보았자 시원찮은 뭉치다. 오죽하면 주먹질 드잡이로 평생 피 한 방울 흘려본 의협義俠이 없었을까. 이런 터수를 나는 잘 안다. 아니, '명석하게 인지'하고 있다. 그런데도 불쑥불쑥 다섯 손가락이 대동단결大同團結을 외치는 경우가 비일비재다. 구경꾼도 없는 희한한 손짓이다.

'싸움은 말리고 흥정은 붙이랬다'던가. 나는 이 진리를 일찍이 터득한 '수재'여서 쌈질은 불문곡절不問曲折하고 말리고자 했다. 특히 그게 어느 한쪽으로 치우쳐 힐금거릴 거리도 안 됐을 땐 안달이 날 지경이었다. 빨리 약자 편의 '정의구현'을 하고 싶어서다. 그렇지만,막상 현장에 다가서면 주춤주춤

굳어지고 만다. '웬놈이냐'고 부라릴 것 같아 비실비실 주눅이 들었다.

주먹심은 맞을 만큼 맞아보고, 견딜 만큼 견뎌본 사람의 몫이라고 했다. 주먹깨나 쓰는 사람은 그래서 상대 주먹의 세기와 노리는 급소를 재빨리 알아차리고 벼락같이 온 근력筋力을 그곳에 몰아붙여 툭툭 그 뭉치를 튀게 한다는 것이다. 비장의 흉기를 빼들거나 등짝을 기습하는 따위 꼼수는 주먹의 타락이요 배신으로 치부한다 했다. 그도 그럴 것이 그 주먹 속엔 단순한 물리적인 힘뿐 아니라 그에 상응한 삶의 지혜가 혼융되어 있을 것이기 때문이다.

고전 읽고 있느냐고? 그렇기도 하군. 이 땅의 높은 주먹들이야 왕년에 ≪군주론≫쯤은 다 섭렵한 '저마다의 군주'들로, 얽히고설킨 마키아벨리스트(machiavellist)들이 아닌가. 탄력무궁한 그런 곳엔 아무나 얼씬거릴 수 없는 일이다.

'주먹은 가깝고 법은 멀다.' 나중엔 삼수갑산三水甲山을 갈망정 문제가 생기면 우선 주먹으로 해치우고 보는 그런 부당성을 경계한 말일 터이다. 나는 이를 좀 달리 풀어본다. 자질구레한 범법이나 부당행위는 실상 법에 호소할 만한 것들이 못 된다. 그런 것들을 '그때, 거기서' 법 대신 의협심을 발현해 주어야 하는 것이 '가까운 주먹'이어야 한다는 생각이다.

전동열차에서의 일이다. 경로석엔 이미 50대 중반쯤의 남녀와 책에 묻힌 묘령이 앉아 있다. 가까이 가면 아무래도 불편해 할 것 같아 짐짓 좀 떨어진 곳에서 지켜보고 있었다. 이윽고 묘령이 일어났다. 아가씨가 아니라 임신부였다. 나는 얼른 그 자리를 차지했다. 어깨를 펴고 편안한 자세로 차안을 살펴보았다. 그 묘령은 내린 게 아니라 저만치 옮겨 앉아 있다. 아무 일도 없었다는 듯 책에 빠져 있지 않는가. 응? 별일이군. 나는 그냥 고단한 눈을 감았다.

옆자리 남자의 거친 톤이 그칠 줄을 모른다. 교회와 연관된 얘기들인 것 같다. 잠깐 멈칫하는가 하면 추임새처럼 여자가 나선다. 묘령의 이석이 짐작이 되고도 남았다. 이를 어쩌지? 한마디 해야 옳은 일 같다. 전동차 안은 시민의 공덕심을 담보한 자율공간이니 말이다. 무슨 말을 어떻게 해야지? '좋은 말씀'이라고 간단한 찬사를 앞세워야지. 칭찬에 상 찌푸릴 시러베아들은 없을 테니까. 그런저런 생각 끝에 그 대미는 악수에 불끈 힘을 더해야지. 그럼 조용해지겠지. 나는 가만히 눈을 떴다.

악! 소리를 지를 뻔했다. 우선 맞잡을 그의 손이 솥뚜껑만하다. 게다가 왼손 집게손가락 끝마디가 두루뭉술하게 잘려 있다. 응? 5공시절, 한국에 대한 일본의 망언으로 반일규탄 데모가 연일 하늘을 찌를 때, 그 결의를 단지斷指로 과시한

한 조직이 있었다. 그 일이 삽시간에 오버랩 되는 것이다. 어쩌면 그의 얼굴도 낯익은 면이 있는 것도 같다. 저절로 눈이 감겼다. 힘이 싹 빠졌다. 휴. 나는 반사작용처럼 일어나 옆 칸으로 비실비실 옮겼다.

"종로에서 뺨 맞고 한강에서 눈 흘긴다."는 말이 있던가. 저 칸에서 제풀에 힘을 잃고 옆 칸으로 피한 주제에 짜증을 어찌하지 못하는 꼴이라니…. 아, 주먹이여!

잠시 멍했다. 왜 젊은이들이 차안의 저런 불법이나 언짢은 행동에 대해서 거의 모른 척해버릴까. 공연히 남의 제사에 감 놔라 배 놔라 할 까닭이 없는 영악스런 이기 때문일까, 이른바 연대의식이란 게 퇴조해버린 풍조 때문일까, 아니면 나처럼 다 주먹심이 없는 탓일까?

≪배추가 돌아왔다≫로 밤을 지새웠던 일이 불현듯 생각났다. '배추'는 그 책 저자의 별명이다. 중학생 시절부터 그렇게 불려왔다. 한마디로 그는 정의파 소년이었다. 팔을 걷고 맞붙은 '아름다운 오류들' 때문에 마냥 쌈꾼으로 치부되어 전학을 몇 번인가 치렀지만 제 욕심을 챙긴 일은 없었다. '한번 배추는 영원한 배추'라는 저자 자신의 말처럼 배추는 의협의 사나이로 성장하여 혼란스런 이 땅의 현실을 당당하게 헤쳐 나간 행동주의자가 되었다. 굽이굽이 펼쳐진 그 주먹은 절차상의 '먼 법'뿐 아니라 본령을 일그러트린 '가까운 법'까지도

일단 전율케 하는 차돌이었다. 그 사연들의 호쾌한 증언은 낭만적이기도 하다. 내겐 대리만족의 정화 같았다.

다시 읽으면서 빈주먹이라도 자꾸 쥐었다 폈다 해야 할 것 같다. 무엇인가가 충전되어 마지않을 것이므로.

('09)

2부

산신山神 바람

찬 기운이 소소해지면 할머니는 인동초 술을 담그셨다. 살을 에는 겨울을 할아버지는 그 술로 버티셨다. 어머니는 인동초 탕제를 달이셨다. 창자를 끊는 듯한 한밤의 기침과 담을 아버지는 그 탕제로 달래셨다. 나는 인동忍冬이라면 그 덩굴보다야 산꼭대기에 우뚝한 가장 큰 나무의 윗가지가 아니겠느냐는 생각을 했다.

산꼭대기는커녕 산자락도 잘 드나들지 못한 나는 우연히 인동초 한 그루를 얻었다. 옥상으로 오르는 계단의 돌머리 화단에 이를 심었다. 아내는 곁줄기를 잘라 차를 우렸다. 나는 그걸 홀짝이며 하얗게 피어 노랗게 익는 그 꽃향기를 탐했다.

어느 날, 할아버지가 산신바람처럼 홀연 꿈에 나타나 한 말씀하셨다.

“손때를 타면 효험이 없다. 그건 산신바람을 쐐야 제 힘을 내느니라!”

('07)

버팀목

담 밑의 더덕넝쿨이 곁에 선 모과나무를 버팀목으로 휘감고 오른다. 가녀린 줄기에 무슨 힘이 그리 고이는지 팔랑대는 입새들이 날로 눈부시다. 어느새 그 입새들 사이에 꽃줄기가 뻗어나 작은 종 모양의 연한 연두색 꽃들을 앙증스럽게 매단다. 버팀목을 찾지 못한 넝쿨들은 방향을 잃고 제풀에 감고 감기며 널브러져 있다.

때가 되면 농사꾼들은 가지 · 오이 · 고추 · 토마토, 심지어 옥수수밭 가양까지도 버팀목들을 단단히 꽂고 버팀줄을 다 수확의 염원과 함께 튼실하게 묶는다.

정치의 계절엔 자칭 버팀목이란 인사들이 많아진다. 오직 자기만을 믿고 감아 올라야 돌풍에도 끄떡없고 하늘까지 오른다고 열변이다. 하지만 곧게 파고든 모과나무 뿌리와 단단히 꽂힌 농사꾼들의 버팀목들이 되돌아보이는 건 웬일일까?

('07)

객쩍은 일탈

내 탓만은 아니지만 그래도 그게 한 기연起緣은 되었을 것이다. 허락 없이는 자리를 뜨지 못하게 했던 그 시절 그 분위기에선 그런 짓도 한 용기일 수 있었기에 말이다.

그날 나는 '꺽다리' 부副 씨가 자리를 뜨자마자 별 생각 없이 그의 안락의자에 덥석 앉았다. 등받이가 포근했다. 자지바지하게 기댄 채 왼쪽으로 살짝 밀어보았다. 가뿐하게 원을 그리곤 여운처럼 반바퀴를 더 돌았다. 테이블 뒷벽의 텅 빈 공시판公示板이 조용히 눈앞을 가로막았다. 어쩐지 허전하게 느껴져서 백묵을 쥐었다. 엉뚱하게 또닥거려졌다.

"무두일無頭日."

"36방향 앞으로 갓!"

무슨 일이람. '악바리' 장長 씨 못지않게 목을 세우고 있던 '꺽다리'마저 갑자기 자리를 비운 터라, '무두일'이야 그렇다 쳐도 '36방향 앞으로 갓!'은 무엇인가. '무두'란 말도 그 '두'자가 두령頭領을 말하는 것인지 두목頭目을 지칭하는 것인지 애매하지만, 어떻든 뒷말이야말로 돌출변이가 아닌가.

까마득한 지난날, 내 고장이 계엄사령관의 포고령만으로 톱니바퀴 돌듯 하던 시절이 있었다. 그때 사령부에서 중학생들을 운동장으로 불러 제식훈련을 시켰다. ㅅ이라는 중위의 서릿발 같은 구령일하口令一下에 군대처럼 편제된 학생들의 행行과 오伍가 사방팔방으로 정연하게 분산되었다가 되돌아오곤 하는 훈련이었다. '36방향 앞으로 갓!'은 그 분산의 막바지 구령이었던 것으로 기억된다. 방향전환이라면 고작 전후좌우, 반좌반우半左半右 정도밖에 모르던 내게 36방향이란 분산은 긴장 속의 다채로운 경이였다. 나는 그때 그걸 무슨 자유의 본령이나 된 것처럼 느꼈던 것 같다. 그렇기에 그런 역설이 불쑥 튀어나온 게 아니었을까! 아련한 그 입력이 새삼 엄청나게 느껴졌다.

악바리는 자주 자리를 비웠다. 침을 튀기는 평소의 사자후獅子吼와는 다른 일면이었다. 걸핏하면 업무협의차 상도上道

였다. 출근도 안하고 직행하는 경우도 있었고 잠깐 얼굴만 내밀곤 서둘러 갈 때도 있었다. 그래서 직무일반을 사실상 꺽다리가 챙기고 있는 실정이었다. 그는 비교적 꼼꼼한 성미로 악바리의 강변에 대해서도 이따금 정중하게 반론을 제기하기도 했다. 매사를 장중掌中에 넣고 일사불란一絲不亂하게 처리해야 직성이 풀리는 타입이었다.

그날도 악바리는 상도하고 꺽다리가 목을 세우고 있었다. 공교롭게 오후에 '관내 기관장회의'가 소집되어 꺽다리가 훌쩍 자리를 떴다. 나는 별 생각 없이 그의 자리로 다가가 그런 어설픈 낙서를 하게 되었다.

동료 간의 정의 때문인지 나의 그런 비례非禮 따위는 전혀 문제가 아니었다. '허락 없이는 자리를 뜰 수 없는' 그 서슬은 허락할 사람의 부재不在로 '베잠방이에 무엇 새듯' 슬금슬금 '36방향'으로 빠져나갔다. 틀에 짜인 행보가 퇴근까지 자유로운 시공時空을 누리게 된 것이다.

"갑시다!"

나도 손을 번쩍 들었다. 삽시간에 별관 탁구대 둘레로 자칭 챔피언들이 모여들었다. 그동안 몇 번인가 은밀히 모인 바는 있었지만 그날은 마치 공식행사처럼 다들 당당했다. 불꽃 튀는 열전, 파이팅 소리도 그 손길만큼이나 날카로웠다.

퇴근길에 상호마저 '그 집'인 그 술집에 들렀다. 먼저 자리

잡은 바둑파트의 동료들이 손아래 삼촌이나 만난 것처럼 반겼다. 한창 '그대는 죽일 놈, 나는 살릴 분' 하고 거품을 투기는 사이 하루해가 가볍게 저물었다.

그 후, 나는 눈여겨 살피다가 '무두일'만 되면 이를 재빨리 공시하는, 직제에도 없는 기록계가 되었다. 그게 거듭되면서 퇴근길 '그 집'에서의 '주흥담론'은 차츰 빛깔을 달리했다. 너나가 아닌 나라와 민족의 문제가 되었다. 처음엔 우리뿐인데도 주변을 쓱 한번 훑어보고, 조심스럽게 '잡혀갈 말로' 어쩌고저쩌고 하더니 매번 배짱이 두둑해졌다. 누군가가 들으면 진짜 '덜컥'할 수밖에 없는 대담한 나라걱정들을 되뇌었다.

우리는 그런 이심전심을 '양식良識의 발현'이랄까, '민주의식의 구현'이랄까, 제법 그런 것으로 치부했다. 그렇다 보니 '그 집'에서의 한 순배는 비밀결사라도 하는 것 같은 근엄한 분위기가 되기 일쑤였다. 자투리 시·공의 묘한 변태지만 그에 대한 뿌듯한 자긍심은 얼굴을 확확 달아오르게 했다.

세월이란 역시 무상無常한 것. 정례적인 인사발령으로 모두들 이리저리 옮기다 보니 그야말로 '36방향'으로 헤어진 꼴이 되었다. '허락 없이는 자리를 뜰 수 없는' 그 휘잡기 따위 서슬도 슬그머니 꼬리를 감춘 자유로운 세상이 되었다. 두 상사는 아무래도 불편을 좀 겪지 않을까 했는데 끄떡없었다. 오히려 '악바리'는 상경上京을 걱정해야 할 자리로 영전이 되고 '꺽다리'도 승진하여 빳빳한 장長 씨가 되었다.

그렇던 어느 날, 서울역 대합실에서다. 등 뒤에서 내 어깨를 덥석 조이는 손길이 있었다. 반사적으로 돌아서보니, 만면에 웃음을 띤 왕년의 상사다. 그는 재빨리 내 손을 감싸 쥐며 흔들어댔다.

"아니! 안녕하셨어요. 여전히 바쁘신가 봐요."

"참 오랜만이야. 거기서도 탁구 잘하시고? 그때는 여러 가지로 고마웠어요. 그 바람에 '무두일'에도 누구 하나 빵소니친 사람이 없었으니 말이야."

"예?!"

나는 갑자기 뒤통수를 한 대 얻어맞은 것 같았다. 우린 결국 그의 손바닥에서 곱사춤 춘 격이 되어버렸으니 말이다. 어쩜 그럴 수가?

웃는 낯으로 그냥 겸허하게 헤어졌지만 치미는 허탈감은 어쩔 수 없었다. 쟁취한 것 같았던 그 '자투리 시공'은 그렇다 치더라도 그에 이은 '그 집'에서의 '우국담론'은 그럼 무엇인가. 그것도 또한 까마득한 중학생 시절, 계엄사 운동장에서 익혔던 ㅅ 중위의 '36방향'이란 땅바닥놀이 같은 것이라고 해야 할 것인가. 세상 참…….

서울역 대합실 천장이 자꾸만 올려다보였다.

('07)

교양에의 향수

학생시절, 나는 전공과목의 주변에 도사린 이른바 교양과목의 그 교양이란 모자帽子에 묘한 매력을 느꼈었다. 이름부터 부드럽고 편안해서다. 수인사 겸 다가가 모자를 벗겨보니 그것은 계속 새 전공과목(응용학문)을 만들어 제금내준, 어버이 같은 이른바 '기초학문(철학 · 수학 등) 과목'의 거목들이었다. 그들은 스스로 제 학문을 천착하면서 응용학문엔 교양이란 추수장학追隨獎學을 하고 있었다. 그 밖에도 필요에 따라 동기들이 그 모자를 쓰고 와 돕기도 하고, 일부 사학에선 건학이념과 연관된 학문에 그 모자를 씌워 내놓기도 했다. 어떻든 나는 그런 것들의 큰 틀을 잘 알지도 못하면서 주제넘게 '교양과목을 분모로, 전공과목을 분자'로 간추리면서 스스로 어설픈 교양주의 신도가 되었다.

나는 그 모자와 여러모로 친해지기 위해서 짬만 나면 아니, 짬을 내서라도 산보하듯 다른 과에 가서 도강을 즐겼다. 다른 학교까지 원정할 때도 있었다. 반드시 관심 있는 강의 내용을 찾아서라기보다는 도강 자체가 그 모자와의 거리를 좁혀 줄 것으로 믿은 희한한 신앙 때문이었다.

그런 맥락에서 당시 나는 흥사단의 교양강좌를 부득이한 일이 없는 한, 빠진 일이 없었다. ㅇ교수의 후련한 웅변조의 열강과 ㄱ교수의 차분한 설리조說理調의 담론이 가슴을 잔잔하게 흔들었던, 그 하오의 햇살을 지금도 잊을 수가 없다.

내가 다닌 학교의 교시는 인의예지仁義禮智였다. 그런 탓에 다른 학교와는 달리 전반 2년은 유학개론儒學槪論이, 후반 2년은 경서강독經書講讀이 '모자 쓴 필수과목'으로 짜여 있었다. 전반은 그런대로 재미있게 넘겼다. 후반에 들어선 엉뚱한 일에 눈이 팔려, 어물어물 구렁이 담 넘듯 마치고 말았다. 그 미흡의 실마리가 뜻밖에 먼 부메랑으로 가슴을 서늘하게 할 줄이야?

부산에서 동학 ㅈ교수를 만났다. 점심 반주에 취기가 도는지 너털웃음 속에 자신이 '스타교수'가 된 저간의 사연을 자랑했다. 강의실 복도에서 몇 사람이 웅성거리기에 다가가 보니 새로 건 서예작품 앞이더란다. 일별하고 돌아서는데 동료

교수가 '무슨 뜻인지 짐작되느냐.'고 꺄우뚱하기에 되돌아서서 냉소조로 간결하게 풀이해 주었단다. '와' 하는 감탄과 함께 박수가 쏟아지고 "중국유학 했군!" 하며 고개를 끄덕끄덕하더란다. 그는 목에 힘을 주면서 그런 정도는 "내 모교 출신의 기본에 속한다."라고 뽐냈다는 것이다.

나는 속으로 '아차'했다. 한 대 얻어맞은 기분이었다. 교양주의 신도로서 속내를 어찌할 수 없었다. 나는 화급히 "ㅈ형, 모교를 그리 빛냈으니 감사하고 한편 부끄럽구려. 자!" 하고 잔을 내밀었다.

이상하게도 나는 세속적인 어떤 꿈을 설정하고 바동대본 일이 없다. 아예 그런 꼬투리 자체를 갖지 못하고 태어난 사람 같았다. 그런 탓인지 교양이 학문이나 문화의식뿐 아니라 삶의 품위 전반을 아우른다는 점에서 문득문득 관심의 적的이 되곤 했다. 내게 꿈이 있다면 바로 이 교양 속에 깃든 '품위'의 성취라 할 수 있을 것이다. 그러나 그 꿈은 마냥 꿈으로 이어지는 먼먼 수평선이었다. 성취라는 결과가 없는, 진행 그 자체였다.

영어권에서 교양을 에듀케이션(education-교육)으로도 쓰고, 컬처(culture-문화)라고도 쓰고 있음을 감안한다면 내 학생시절의 인상처럼 그게 그렇게 '부드럽고 편안한 것'은 아니다. 세속적으로 보면 구름 잡는, 다함없는, 실속 없는, 그래서 한때의 일로 치부해버린, 일과성의 정황 같은 것일지도 모를 일이다. 그럼에도 불구하고 나는 '나'라는 사람인자 위에 내 학생시절에 느꼈던 매력의 '그 모자'를 쓴, 의젓한 교양인이 한번 되어봤으면 싶다. 욕심무한일까? ('08)

역 대합실 천장이 자꾸만 올려다보였다.

('07)

그 이름부터

- 천안과의 인연

그 이름부터 편안한 곳이 천안 아닌가. 사람들은 고향 하면 으레 '산 좋고 물 좋고 인심 좋은 고장'이란 말을 빼놓지 않는다. 같은 말이지만 그 산과 물과 인심에 서린 정회는 저마다 천자만홍千紫萬紅일 것이다. 천안사람들은 이에 덧붙여 '하늘 아래 가장 편안한 곳'임을 강조하며 허허허 웃을 것이다.

예전에 나는 천안 하면 '삼거리', 아니면 '호두과자'를 떠올렸다. 훨씬 후에 외우 김남웅이 이곳 태생임을 알게 되면서 천안 하면 노상 그를 생각하게 되었다. 그렇다가 나도 그의 권유로 천안사람이 되었다. 이젠 천안 하면 내 고장으로 입이 열린다.

먼 산자락을, 긴 강물이 굽이굽이 감돌아 나가는, 작은 분지에서 자란 탓인지 내 눈에는 이곳 산들이 그만그만하게 겸손하고, 그 사이사이를 적셔 나가는 물들도 졸졸졸 정겹다. 인심은 그 산하山河만큼 느긋하게 느껴지고. 산사태나 물난리를 겪은 일이 없다. 사람들의 큰 싸움도 구경한 적이 없다. 그만하면 편안한 고장이 분명하다.

어언 한 세대를 넘게 살았지만 이름 그대로 잘 지낸 것 같다. 처음 김남응 외우가 설립한 중학교에서 3년여를 보냈다. 평준화정책이 강력히 추진되던 시절이라 과도기적인 터덕거림이 없진 않았지만 작은 유토피아를 그리며 정성을 다했다. '완전학습'사에서 시행하는 '월례평가'에서 몇 번인가 1위를 차지하는 기쁨도 누렸다. 지역유지들과 새마을조기청소를 하고 함께 나누었던 커피타임도 잊을 수 없는 회억거리다.

교장월례모임에서 박준구 교장의 친절이 따스했다. 후덕한 풍모에 항상 미소로 대하는 과묵이 내 마음을 사로잡았다. 친구가 되어 교육대학원도 함께했다. 그런 정의로 그가 설립한 중학교로 자리를 옮겼다. 그리하여 8년여. 사학의 신뢰와 성가를 드높이기 위해서 교육청에서 주관하는 월례고사에 많은 신경을 썼다. 비공개로 되어 있는 4개교(시내 남중학교) 교과별 성적을 교내장학을 이유로 복사해 와서 그 대책을 사뭇 진지하게 논의했었다.

유도부가 연달아 전국을 제패했다. 지도교사 안재호 선생의 묵묵한 헌신을 잊을 수 없다. 자모님들이 가을마다 마련해 준 돼지찌개용 배추김치의 맛과 자양이, 아니 그 정성스런 손길이 바로 선수들의 기량이 되었음을 익히 알고 있다. 참으로 고마운 추억이다.

새 고장의 좋은 산과 물과 인심의 정령이 문득 내게 비쳐왔다, 뜻밖에 전직을 하게 되었다. 공사립교원 교류 케이스의 일환으로 시교육청 장학사가 된 것이다. 다리를 놓아준 당시 권혁조 교육위원님과 최승기 천안교육장님의 호의를 잊을 수 없다.

맡은 부서가 사회체육계였다. 86 · 88올림픽을 대비한 거국적인 소용돌이 속에 관내 초 · 중 선수들의 격려는 물론, 관 외의 이에 연관된 행사에도 부지런히 쏘다녔다. 많은 지도자들과도 교분을 나누었다.

대학입시 체력검사 및 체력장 발급은 정확과 신속을 요하는 업무였다. 경직된 지시 때문이었는지 매끄럽지 못한 진행을 그대로 고수하고 있었다. 가슴이 떨렸지만 객기를 동원해 이를 바로잡고 신속을 기했다. 흐뭇한 추억거리다.

정확히 3년 반의 외지근무를 마치고 다시 내 고장으로 돌아왔다. 중학교장과 야영장장을 겸직한 고교로 발령이 되었다. 소재지가 동쪽이어서 희한하게도 나는 해바라기출퇴근을 했다. 그곳 3년은 정말 해바라기처럼 밝고 싱그러운 나날이었다. 조회의 참석을 돌아가며 했지만, 어떻든 세 군데를 다 돌고나면 금방 점심때가 되었고 잠시 자리에 앉아 있으면 이내 퇴근을 해야 했다. 말 그대로의 '천안'은 거기 있었던가 싶다.

고등학교 양궁부 한승현 군이 아시안게임에서 금메달을 목에 걸었다. 감격스런 일이었다. 체육회에서 환영대회를 열었다. 학교 주악대가 한껏 퍼레이드를 펼쳤던 그날의 환호를 잊을 수 없다.

컴퓨터를 담당한 김태균 선생의 헌신으로 본교가 관내 아니 도내(?)에선 처음으로 학생들의 성적표를 OCR 카드로 발급하였다. '개천에서 용이 꿈틀거리는 기분'이 되어 우쭐했던 일이 어제 일만 같다.

퇴임을 앞둔 마지막 4년의 근무는 귀여운 여학생들의 학교였다. 음악 · 미술 · 무용 등 예능반 학생들의 활동이 두드러졌다. 문예진흥원의 기금을 계속 받으면서 모두들 얼마나 열성이었는지 모른다.

한편으로 나는 여류문인 몇 분들의 러브콜로 천안문협에 가입했다. 사무국장 이정우 선생의 헌신이 매우 돋보였다. '세미나'보다 후속의 '재미나'가 더 신나다는 것은 알고 있는 바지만 천안문협의 그런 모임은 시인 박미라 선생이 날렵하게 주도하는 화목을 보였다. 배후에 10년을 멀다 않고 문협을 뒷바라지해온 김석하 회장의 양식良識이 우뚝했다. 참 좋은 고장이구나, 역시 '천안'이구나, 하는 생각이 절로 들었다.

나와는 아예 무관한 것으로만 여겼던 법정퇴임이 어느 날 갑자기 나를 덮쳤다. 마침 정부도 IMF 폭풍에 허우적거릴 때여서 남들이 다 했던 퇴임잔치도 자숙할 수밖에 없었다.

그런데 문집을 하나를 상재한 게 빌미가 되어 학교와 문협이 양면을 다 되돌아보자며 기회를 마련했다. 서울에서 공덕룡 선생을 비롯한 여러 문우들이 내려와 나로선 분외의 대접을 받게 되었다.

내겐 그 자리가 퇴임을 위로하는 자리가 아니라 전역을 축하하는 자리로 여겨졌다. 교단에서 문단으로, 교사에서 문사로! 가만히 손이 쥐어졌다.

'겸손하고 정겹고 느긋한' 그 정령이 나로 하여금 그 이름부터 편안한 이 고장에서 더욱 편안하라고 그렇듯 좋은 인연들을 마련해주었던 게 아닌가 싶다. 천안만세!

('07)

그는 갔지만

그는 갔지만 그가 즐겨 부르던 노래는 아직도 내 귓전을 맴돌고 있다. 그는 가수도 아니고 노래를 잘하는 편도 아니다. 내가 '사공의 뱃노래~' 따위를 가락지게 꺾을 때면, 덩달아 늘 '동그라미 그리려다가~'를 잔잔하게 그렸다. 친구들이 다들 손자 볼 나이에 그는 '무심코 그린 얼굴' 같은 신부를 맞이하였다. 그런데도 그 노래는 문득문득 향수처럼 메아리쳤다.

그는 일찍이 동그라미 하나를 그리고 있었다. 그 크기와 테두리를 하염없이 뒤척이면서 그 속에 그려야 할 물감들을 차곡차곡 챙겨나갔다. 허기져 직장을 구했다. 축하를 외는 내 입술에 침도 마르기 전에 그는 "죽지 않으려고 들어갔지만 살기 위해선 나올 수밖에 없었다."라며 피식 웃었다.

그렇다. 그는 갔다. 빛접게 갔지만 그 동그라미 속에 채워졌어야 할, 그 '무심코'의 빛깔들을 그는 오늘도 내 귓전에서 향수처럼 무심코, 진정 무심코 그리고 있다.

('07)

구태여

벳부別府에서다. 폭양 속의 '지옥 순례'라기에 끼어들었다. 경내에 들어서자 이내 족탕足湯 화살표가 나타난다. '발부터 씻으라는 거군.' 양말을 빼고 정자의 붙박이 의자에 앉으니 발이 저절로 따끈한 물에 잠긴다. 온천수가 도랑처럼 흐르고 있다. 젊은 커플들이 먹을거리를 탁자 위에 놓고 마주앉아 발장난을 치며 담소하는 모습이 그지없이 발랄하다.

입구를 찾으니 뜻밖에 편의점 문이다. '챙길 것, 미리 다 챙기라는 뜻인가?' 부채를 하나 샀다. 빨간 바탕에 "날마다 지옥입니다."라는 경구가 하얗게 떠 있다.

가게를 나서니, 바로 폭양을 삶은 온실이다. 그 불가마 속에 온갖 식물들이 현란하다. 테두리를 세운 둥근 부엽浮葉이

대형 플라스틱 쟁반처럼 희한하다. '지옥에도 이젠 있을 것 다 있고, 날로 개선 · 개혁이 눈부시나 보다.' 오른쪽 웅덩이엔 바닷빛 하늘이 조용히 내려와 있다. 그렇다면…….

('07)

잡풀의 푸념

사람님들이 우리 터전을 뭉개고 갈아엎어 논밭을 일구고 길을 내고 집을 짓고 놀이터 등을 만들어 멋지게 사시는 것이야 어찌할 수 없지요. 이를 위해 또 우리 친구들을 시도 때도 없이 빼내어 가꾸기까지 하며 실속을 챙기시는 일도 '바늘 가는 데 실이 가는 것'으로 마냥 웃고 있습니다.

그 친구들이 그리워, 아니 그들의 권태가 안타까워 우리는 자주 그들을 찾지요. 그 때마다 잡초라는 이름으로 송두리째 뽑히고 짓밟히지만 그것을 우리는 친구를 위한 당연한 수난으로 감수하고 있습니다. 그들이 그런 정을 아는 것만으로 흐뭇한 일이니까요.

그런데 웬 제초폭탄 세례입니까? 그런다고 우리 씨가 말라버릴까요? 어차피 미운 털이 박힌 우리야 그렇다고 칩시다. 그러나 그게 그 친구들에겐 아무런 영향이 없던가요? 오히려 보약으로라도 환생되던가요? 아, 영특하신 사람님들이시여!

('07)

꼬마 타잔

석규는 아직도 말문을 열지 못하고 있다. 4개월 전 돌잔치 때도 짜박거리지도 못한 형편이었다. 너무 늦된 게 아니냐는 걱정에 제 엄마는 "느긋해서 좋지 않아요." 하고 생글거린다. 외국에서 태어나 여덟 달도 다 안 된 녀석이 그 먼 시공을 왔다갔다 또 돌아와야 했던, 몸살 같은 후유증이 아닌가도 싶다.

석규는 외손자다. 요즘 집에 와 있다. 안정이 되었는지 어느새 달리기 선수가 되었다. 제 엄마 말에 의하면, 잡을 만한 게 있으면 억척스럽게 붙들고 일어나서 게걸음을 떼더란다. 한번은 가만히 손을 놓고 서기에 "아, 석규 섰구나!" 하고 박수를 쳤더니 못된 짓이나 하다 들킨 아이처럼 덥석 앉아버리더란다. 그 후론 못 본 척하고 있는데 어느 날 뛰기부터 하더라나.

녀석은 울거나 보채는 일이 거의 없다. 아내는 연승 엉덩이를 다독거리며 "참으로 키울 맛 나는 희한한 녀석이야." 하고 기특해 한다.

녀석의 일상을 보면 그럴 법도 하다. 녀석은 거의 아침 8시 30분에서 9시 사이에 일어난다. "어- 엇!" 하는 외침이 그 신호다. 점심 후엔 두서너 시간 낮잠을 자고 밤엔 9시가 지나야 꾸뻑꾸뻑 스르르 무너진다.

먹성도 좋다. 세끼 밥은 어김이 없다. 새참은 우유나 두유다. 활동량이 유난히 많을 땐 요구르트나 유아비스킷 등이 성과급처럼 추가된다. 밥은 어른들의 찌개국물에 비벼주거나 국에 말아준다. 아직 배탈 한번 난 일도 없다. 잘 먹거나 못 먹거나 제 엄마의 식단에 마냥 싱글벙글 웃는다.

녀석은 어른들의 핸드폰이나 리모컨을 한사코 가지려 한다. 잠깐 주게보면 회수할 수가 없다. 한번은 가까이에 열쇠꾸러미가 있기에 '우르르, 우르르!' 하면서 세차게 짤랑거려댔더니 녀석의 손길이 잽싸게 뻗쳐왔다. 관심의 전이가 그처럼 빠르기도 하다.

녀석은 그 후 열쇠꾸러미만 보면 그걸 들고 거실과 주방을 분주히 돌아다니며 구멍이란 구멍은 말할 것도 없고 조금 파인 곳까지 모조리 쑤셔댄다. 어쩌다 제대로 끼워진 구멍을 찾게 되면 입을 반나마 벌린 채 침을 질질 흘리며 진지하게 파고든다. 그러다간 느닷없이 가로누워 콘센트에 플러그를 끼우는 정공이 되기도 한다. 아침나절의 활동은 대체로 이 같은 종류의 사부작사부작한 손놀이다.

피크를 이루는 활동은 낮잠에서 깨어난 하오의 시간대다. 한동안 소파에 앉아서 눈도 비비고 하품도 하면서 멍하니 앉아 있다가 워밍업하듯 제 활동공간을 누빈다. 자전거도 들썩여보고 자동차도 밀어본다. 바퀴가 너무 빨리 굴러 엎어질 것도 같은데 용하게도 속도를 맞춰댄다. 막다른 곳에서 부딪히면 "앗!" 하고 소리를 치며 웃는다. 나는 만약을 대비해 적당한 거리를 지키고 있다.

녀석은 서랍상자를 비롯해 싱크대에 부착된 여러 문짝들을 하나하나 열며 그 속의 물건들을 들춰낸다. 깨질 물건이 들어있는 곳은 이미 조치를 취한 상태여서 나는 느긋한 심정으로 "우리 석규, 잘한다!"라며 박수를 보낸다. 녀석은 이따금 제가 좋아하는 물건이 나오면 "어허, 어허!" 하고 반가워한다. 그 같은 일련의 탐색작업은 뒤따른 나의 복원작업과 더불어 마감을 한다.

녀석은 식탁의자를 반나마 빼고 그 바닥에 배를 붙여 힘겹게 위로 오른다. 방향을 바꾸어 재빨리 식탁 위로 올라선다.

나는 "와!" 하고 감탄한다. 화답이라도 하듯 녀석은 "악~." 하고 외마디소리를 쏟곤 사방을 둘러본다. 이내 안아서 내려달라는 몸짓을 하지만 나는 모른 척하고 거실 소파에 와 앉는다. 녀석도 금방 내려와서 "악~ 악~."을 연발하며 내 곁으로 온다. 나는 악수를 청하며 등을 다독거려준다.

너무 조용해져 옆을 보니 어느새 녀석이 없다. 두리번거릴 수밖에. 녀석은 어느새 소파 왼편에 붙여진 조그마한 서랍상자 위에 올라가 부처처럼 정좌하고 있다. "아니, 저 녀석이!" 다가서니 꾸물꾸물 일어선다. 세로 한 자(30cm)에 가로 자반(45cm)이 좀 넘을 것 같은 작은 널빤지 위에서, 참으로 겁 없는 동작이다. "야!" 하고 눈을 부라리니 손을 번쩍 들고 "애"인지, "에"인지 모를 외마디를 길게 뽑는다. 히죽히죽 웃다간 "어허, 어허!"를 반복하며 안기기를 원한다. 나는 기꺼이 어깨 밑에 손을 넣어 "와!" 하고 몇 바퀴 돌린 다음 가볍게 내려놓는다. 녀석은 소리소리 지르며 제 영지를 한참 동안 다진다. 어디서 온 타잔인지 몇 개의 외마디소리로 제 할 말을 다하니 신기롭고 믿음직스럽다.

더러 내가 "맘마"니 "엄마"니 하는 말들을 가르쳐보아도 배울 기미를 보이지 않는다. 그러나 "이거 엄마 갖다 주어라." 하는 따위 심부름을 시키면 곧잘 이행한다. 알다가도 모를 일이다.

아무래도 제 엄마가 '말문이 터지니 웅변부터 하더라.'고, 자랑스럽게 그 상황의 진전을 얘기할 날이 곧 오게 될 것 같다. 그땐 장난감이라도 제대로 된 핸드폰을 꼭 하나 사줘야지.

애기는 어떤 틀 속에서 키워지는 것이 아니라 저절로 자라는 존귀한 생명체다. 그렇기에 자라는 모습들이 그 얼굴 모습만큼이나 다양하고 특이하지 않는가!

나는 꼬마 타잔의 그 기성괴성을 떠올리면 저절로 웃음이 나온다.

('07)

꿈결같은

그는 서울행 야간급행을 탔다. 열차 안은 초만원. 크고 작은 보따리들이 여기저기 빼곡했다. 포연이 멎은 지 꽤 오래되었지만 뒤끝은 아직 가라앉지 않고 있었다. 홀몸으로 달랑 열차에 오른 사람은 그뿐인 것 같았다. 비집고 들어가 그래도 한 의자의 모서리를 잡고 설 수 있었다. 난방이 돌지 않았다. 승객들의 체온만이 을씨년스러웠다. 시려오는 발을 자꾸 꼼지락거리고 쿵쿵거려야 했다.

서울역에 도착하면 통금이 풀릴 때까진 길 건너 금강다방에서 기다려야지. 아니, 목욕탕엘 갈까. 그는 눈을 지그시 감은 채 내일 일정을 간추리며 초탈한 '견인주의자'가 되었다.

손등에 무슨 깃털이 스친 것 같았다. 반사적으로 두리번거렸다. 새하얀 치열의 미소가 "이분 내리시니 여기 앉으세요." 하고 살짝 고개를 숙였다. 이 무슨 천계天啓의 소리인가! 잠시 어리둥절했다.

"고맙습니다."

"짐이 없으신가요?"

"네, 복잡한데 저까지 그걸 보탤 수가 없어서요."

"호호호, 복이 많으신 분인가 봐요."

"그래서 아가씨 같은 분한테 자리도 얻지 않아요."

"까르르, 참 재미있으시네요."

두 사람이 앉을 자리에 세 사람이 앉는 게 당시의 당연한 인심이었다. 그 체온이 복사열처럼 훈훈했다. 이내 그는 그도 모르게 넉넉한 '감상파'가 되어 입놀림이 부산해졌다. 통로에 서 있는 사람들이 새삼 망부석 같기도 하고 등신불 같기도 했다.

그는 자기소개부터 했다. 넉살을 좀 부렸다. 그러나 그녀의 화답은 간결했다. 황 아무개로, 보육학교를 나와서 춘천 어느 유치원 보모라고. 만만찮은 여자구나. 그런 이름들이 사라진 지가 언젠데…. 순경巡警을 굳이 순사巡査라고 부르는 그런 맥락인가?

그는 그 까닭을 묻지 않았다. 자연스럽게 교육계 이야기, 책 보고 영화 본 이야기 등등이 이어졌다. 화제가 사랑을 맴돌면서 결국 '사랑이란 서로가 자신을 상대방에게 전적으로 바치는 순수한 합일'이 아니겠느냐고 제법 '거창한 결언'을 내리기도 했다.

칠흑의 밤을, 열차는 눈을 부릅뜨고 끊임없이 덜거덩 소리를 빚고 있었다. 차 속은 방파제의 내안內岸처럼 잠잠했다. 그녀와 그만이 대양大洋 쪽의 방파 벽을 철썩거리는 눈뜬 파도였을 뿐.

마침내 서울 도착. 수문 열린 제방 물처럼 짐 꾸러미와 사람들이 뒤엉켜 빠져 나갔다. 한참을 기다렸다. 그녀의 보따리를 들고 나가야 했기 때문이다. 승강장에 으레 있을 것으로 여겼던 짐꾼들이 한 사람도 없었다. 끙끙거리며 역 광장으로 나갔다. 역시 택시가 보이지 않았다. 기다렸다. 이따금 다가온 택시가 있었으나 멈칫하다간 그냥 비껴가버렸다. 네 개나 되는 짐 탓이 아닌가 싶었다.

광장의 새벽바람은 살을 에는 흉기였다. 위아랫니가 딱딱 부딪치게 떨리기 시작했다. 그녀도 어찌할 바를 모르고 동동거렸다. 그가 앞장서 대로를 가로질렀다. 금강다방엔 '기일忌日'이란 쪽지가 자물통을 지키고 있었다. 남대문 쪽으로 방향을 바꾸어 잠시 걷다가 오른편 골목길로 긴급피난을 했다.

안내된 공간은 불가마 속 같았다. 아랫목엔 이부자리가 편안하게 펴져 있었다. 그 머리엔 베개가 반나마 몸통을 가린 채 나란했다. 그는 짐을 한구석에 밀어놓고 주춤거리는 그녀에게 의연하게 한마디했다.

"황 선생님! 약속한 바는 없지만 그래도 피차 인격을 담보한 것 아닙니까? 마음놓고 눈을 좀 붙입시다. 이불은 나눠 덮고요."

그는 외투와 상의를 벗어 걸고, 베개와 요를 빼와 윗목 벽을 안고 조용히 누웠다. 얼었던 몸이 눈 녹듯 했다. 저릿저릿 따끈따끈 풀리는 리듬이 더없이 달콤했다. 그의 모든 감각은 귀로 모여 아랫목으로 쏠렸다. "먼 곳에 女人의 옷 벗는 소리"보다는 한결 선명할 그 소리를 듣고 싶어서다. 그러나 등진 귓바퀴 탓인지 끝내 아무런 낌새도 없었다.

그는 미동도 하지 않았다. 그녀가 그의 동정動靜 하나하나를 지켜보고 있을 것만 같아서다. 그러면서도 속으론 인격이 무슨 담보물이던가? 신용담보라는 게 있긴 하지만 그건 차원이 다른 얘기 아닌가. 어떻든 그는 그가 말한 담보에 묶여 비몽사몽간의 드라마를 연기하는 '견인주의자'로 굳어져 갔다.

그녀의 두 번째 부름에 그는 '숙면'에서 화들짝 깨어났다. 짐을 들고 정류장에 나가 청량리행 버스에 실었다. 차장에게 잘 부탁한다는 말도 잊지 않았다. 그녀의 정중한 인사를 받으면서 떠나는 버스를 향해 손을 흔들었다. 해장국도 같이 나누지 못하고 청량리까지 동행도 못한 아쉬움을 곱씹으면서.

그 하룻밤의 사연은 그 후 연하카드의 교환으로 꽤 오랫 동안 이어졌다. 언제 어떻게 끊어졌는지 아득하다. 그런데도 뜬금없이 전설처럼 한 번씩 떠올려지는 것은 무슨 조환지 알 길이 없다.

'옷깃만 스쳐도 인연'이라지만 그렇다면 그의 손등에 깃털처럼 스친, 그리하여 꿈결같은 시간을 영위했던 그 인연은 과연 어떤 인연일까? '새하얀 치열의 미소'와 '겸허한 역설'과 '담보된 인격' 등의 그 연줄이 어느 날 또 무슨 꿈결같은 꽃을 피울 수 있을 것인지…….

('07)

목심木心을 찾아서

오랜만의 산행이다. 산 들머리까지 꽤나 멀게 느껴진다. 길이 좀 넓어진 것도 같다. 바닥[地盤]이 낮아져 가양이 둔덕처럼 도톰해진 곳이 많다. 얼키설키 돋아난 나무뿌리들이 늙은이 손등의 핏줄처럼 애잔하다. 흙 한줌 덮고 가기는커녕 오히려 힘껏 밟고 가는 사람들이 많다. 이런 것도 하나의 잠재적인 지배욕구의 충족이라 한다면 삐딱한 시각이 될까?

내 산 오르기는 일찍부터 '싸목싸목'이다. 보폭을 넓게 떼고 오금을 최대한 편다. 몸의 중심重心이 양다리로 번갈아 실리며 종아리와 허벅지의 근육이 '쿵 쿵' 큰북 소리를 울린다. 호흡도 이에 따른다. 들숨은 코로 날숨은 입으로 각각 '하나 둘!' '셋넷!'의 속 구령에 따라 '흐흡!' '후훗!' 깊게 들이마시고 한껏 내뱉는다. 상체가 가볍게 숙여졌다 일어서는 느긋한 자세다. 해찰거리를 만나면 거리낄 것 없이 그 자리에 쭈그려 앉기 일쑤다.

판판한 길에 오르면 날아갈 듯 가벼운 발걸음이 성취의 기쁨이 무엇인가를 만끽하게 한다. 부러 느리게 느리게 자제한다. 그 회심會心이 또한 가을하늘처럼 그지없다.

앞만 보고 시새워 정상으로 내닫는 건각健脚들의 입장에서 보면 이건 퇴원환자의 재활운동이거나 호사가의 평정平靜 깨기 같은 것일지도 모른다. 그러나 나는 아직 그런 병원신세를 진 바도 없고 기행을 탐할 만한 예심藝心도 호기심도 타고나지 못한 형편이다. 그냥 그냥 흐른 세월 탓이라고나 할까. 이를 '일등주의 사상의 극복'이라고 한다면 거창한 위선이 될까?

정상엔 정상답게 일등주의자들이 꽤나 벅적인다. 운동기기는 하나도 빈 것이 없다. 나는 구석진 틈새에서 예전에 하던 체조동작들을 하나하나 챙겨본다. 한두 동작은 빠진 것도 같고 또 몇몇 동작은 어처구니없게도 흔들거린다. 무상감이 후끈 달아오른다. 마지막 심호흡을 정성껏 하고 바위 끝에 걸쳐 앉는다.

'야호-' 옛날 봉화烽火 이어지듯 감돌던 그 공감의 외침이 적막강산이다. 누군가의 구령에 맞추던 체조도 오리무중이다. 모두 제각각이다. 주변을 배려한 시민의식의 성숙 같기도 하다. 이를 걸거치는 것은 실오라기 하나라도 털어버려야 직성이 풀리는 요즘 사람들의 이기심의 발현이라면 역시 삐딱한 시각이 될까?

이윽고 내림길에 선다. 전처럼 제자리뜀 같은 보폭으로 갈지之자를 그리며 내리닫고 싶은 생각이 나지 않는다. 왠지 경망스럽게 느껴진다. 점잖게 내려가야지. 천천히 발끝을 내민다. 뒤꿈치가 훌쩍 높여지고 몸이 앞으로 쏠린다. 균형을 가다듬고 보니 느닷없이 '날렵한 묘령의 영상'이 겹쳐진다.

상체가 굽혀 예쁜 엉덩이가 뒤로 살짝 들린 하이힐의 묘령, 평형 때문에 저절로 가슴이 펴지고 가슴이 펴지니 넘실대는 '비너스의 구릉'을 화급히 코르셋으로 받쳐댄 그 고혹蠱惑의 실체!

그 걸음걸이는 허리를 약간 뒤로 젖힌 자지바지한 자세다. (잠깐! 자지바지하다는 말은 사투리로, 거만한 자세를 이름.) 몸의 중심이 발끝에 모아져 종아리 허벅지 아랫배로 이어진 동통疼痛 같은 긴장감이 탱탱할 터이다. 그런 모습을 S라인이라고 찬탄해 마지않는지 모르지만 또 그런 동통이 반드시 내가 느끼는 그것과 같은 것일진 헤아릴 수 없지만 어떻든 내가 비슷하나마 그에 동참하게 된다는 것은 미상불 싱그러운 일이 아닐 수 없다. 당찮은 설렘이라고? 엉덩이에 뿔은 아무에게나 나나? 나는 혼자서 미소를 날리며 쩌벅쩌벅 발걸음을 내민다.

오를 때와는 달리 콩콩콩콩 작은 북소리가 보폭을 울린다. 움직임도 상체를 숙였다가 일어서는 게 아니라 뒤로 자지바지 했다가 바로 서는 상반된 형상이다. 이런 것도 절묘한 음양의 조화라 한다면 잘못된 풀이가 될까.

나의 산행은 어떻든 한마디로 '싸목싸목'과 '쩌벅쩌벅'의 호응이다. 자세 바로 세우기[正立]를 위한 다함없는 목심木心 배우기다.

('09)

3부

능소화

눈부신 6월 아침, 분합창가分閤窓邊에 앉으면 흐드러진 능소화의 합창이 와락 싱그럽다. 댓 발짝 떨어진 담장에 꼭 붙여진 받침대를 타고 훤칠하게 솟은 능소화나무는 해마다 그렇게 상큼한 화음을 방산한다.

능소화는 끊임없이 봉우리지고, 피어나고, 떨어진다. 화무십일홍을 아쉬워하는 세정과는 사뭇 다른 정조情操다. 빨리빨리 기질인가? 약소체질인가? 나는 가끔 엉뚱한 생각들을 덧붙여보기도 한다.

능소화는 유순한 황적색의 깔대기형 꽃이다. 안쪽으론 바탕색인 황색이 곱게 둘러있다. 그 앞뒤를 황적색의 선명한 줄들이 혈맥처럼 이어지고. 기이한 건 수술들의 형태다. 깊숙한

곳에서 뻗어난 암수술이 꽃 천장을 받치면서 나오고, 꽃 아래 양쪽에서 뻗어난 두 개의 수수술이 암수술을 따라 나오면서 씨받이 바로 앞뒤에서 좌우로 가지를 뻗어 이를 엄호하고 있다. 그 깊은 곳엔 필시 심장이 있을 듯하다.

능소화는 다섯 개의 꽃잎이 위로 두 잎, 좌우로 한 잎씩, 아래로 한 잎이 받친 가분수假分數형이다. 안쪽의 황색 둘레의 그림은 이와는 반대로 별표형이다. 수술들의 그 역동적인 떠받침이 참으로 신묘하게 느껴진다. 봉오리를 쥐었던 초록 꼭지는 꼭지답게 탄탄한 별표다. 이 역학관계를 어떻게 읽어야 할까?

능소화의 꽃 잔치는 나무에 있는 꽃들과 땅위에 떨어진 꽃들과의 마지막 화합일 듯하다. 나무엔 초록꼭지가 노란 별꽃이 되어 아직 총총하다. 땅위엔 수수술만 데리고 떨어진 꽃송이들이 두고 온, 암수술을 옹위한 노란 별꽃들을 맞이하기 위해 곱게 단장하고 있다. 이들은 다시 암수술이 씨앗들을 땅에 떨어트릴 때까지 오로지 경축의 합창을 외운다. 그리곤 편안하게 앞서거니뒤서거니 흙에 귀의한다.

아, 이 순간의 무궁함이여!

('08)

단말기를 붙여놓고

내 차에도 마침내 안전운전 단말기를 붙이게 되었다. 편리하기도 하고 심심찮기도 하고 미덥기도 하고, 신비롭기 이를 데 없다. 시동키를 돌리면 "안녕하세요. 안전운전의 도우미 로드메이트 플러스(road mate plus)와 목적지까지 즐거운 운전하십시오!" 예쁜 목소리의 인사가 낭랑하다. 여러모로 자상한 로드메이트다.

안내의 변辯은 '약 몇 미터 전방에' 하는 식으로 도로상황을 약술하고, '몇 킬로미터 이하로 서행하십시오.' 하는 패턴이다. 앞 얘긴 접어두고 뒤의 서행속도만 실천하면 되는 일이다. 종전처럼 단속 카메라를 의식하면서 전방을 주시하고 수시로 속도계도 살펴야 하는 번잡이 없어져 우선 편하다. 오디

오를 끄고 쾌주하다보면 엔진 도는 소리, 바퀴 도는 소리, 공기 갈리는 소리가 절간처럼 조용히 묻혀버릴 때가 있다. 그럴 때 느닷없이 "전방에 급커브가 있습니다. 조심하십시오." 하는 메조소프라노의 음색은 나도 모르게 파적破寂의 미소를 짓게 한다. 미더움이 한결 더해지고 신비감이 깊어진다.

교통법규 준수를 아예 몸에 배게 해야겠다고 다짐한 것은 꽤 오래전의 일이다. 공공질서 같은 그런 거창한 의식 때문이 아니라 범칙했을 때 단속 경찰관이나 시청 직원에게 뭐라 얼굴을 들고 변명할 비위가 없어서다. 그동안 속도위반으로, 주차위반으로 쪽지도 몇 장 받아본 바 있다. 속도위반한 건을 제외하곤 범칙금 헌납은 기민하게 시행했다. 행여 남이 알게 되면 큰일이라도 날까봐 그때그때 때를 놓치지 않았다. 속도위반한 건은 좀 억울해서 상당 기간을 버텨보았다. 그러나 그것이야말로 공연한, 참으로 공연한 언짢음의 연장일 뿐이었다. 로드메이트는 나의 이런 번잡을 최소화해주는 말 그대로 좋은 '길벗'이다.

교외郊外의 드라이브는 대체로 싱그럽다. 시선을 멀리 두고 액셀러레이터를 메조소프라노의 음색에 맞춰 피아노 페달 밟듯 조율하면 내가 길을 내닫는 것이 아니라 길이 전경前景을 대동하고 나에게 쫓아오는 것 같았다. 서로 마주보고 내닫고 쫓아오지만 그것은 부딪칠 줄 모르는 하나! 쾌조의 하모니였다. 이때 로드메이트는 재기발랄한 딸아이와 같았다.

도심으로 찾아드는 길은 대체로 번잡하다. 막힐 때면 눈길이 저절로 앞과 옆과 뒤를 맴돌게 된다. 액셀러레이터와 브레이크를 왔다갔다 하던 내 발길도 어느새 메조를 떼어버린 그녀의 음색에 맞춰 강약이 분분해진다. '전용차선 준수구간'이니 '교통신호 준수구간'이니 '인터체인지'니 하는 따위, 경고가 불길처럼 높아진다. 나도 모르게 "거참, 잔소리 되게 하네!" 제풀에 터진 웃음을 어찌할 수 없다. 이때 로드메이트는 바쁠 때 잔소리깨나 해대는 그 누구와 흡사했다.

"약 500미터 전방에 과속기가 붙어 있습니다. 80킬로미터 이하로 서행하십시오!"

어느 날, 통째로 귓속을 파고든 로드메이트의 안내사案內辭다. 저런 광고문도 있나. 과속기가 붙어 있다니? 구시렁대는 내 말에 불쑥 끼어든 아내는 '과속기가 붙어 있습니다'가 아니라 '과속위험지역입니다'라는 방송이라며 찬찬히 들어보라고 했다. 나는 듣기공부 하는 착실한 초등학생이 되어보았지만 내겐 그 소리가 '확실히' 그렇게 들리지 않았다. 속이 틀려 괜히 아내에게 '전방에 과속위험지역입니다' 하는 식을 말이 도대체 말이 되느냐고 날을 세웠다. 새삼스레 들리는 내용이 모두 같지도 않고 바르지도 않다는 것을 되새기게 되었다.

아내의 듣기도 나와 함께 한물간 것임을 입증해 보이기 위해서 이를 확인해 보았다. 놀랍게도 광고문안의 상황 설명이 모두 '전방에 ~~이다.'라는 구문이었다. 안전운전을 안내하는 이른바 GPS(Global Positioning System) 단말기가 어찌 그런 비문非文을 외울 수 있단 말인가. 학동시절, 나는 말하기, 듣기, 쓰기를 다 바르게 익히도록 배웠다. 그것을 밑천으로 해서 본다면 이런 일들이 다 급변하는 디지털시대의 일면 같기도 해서 야릇한 주눅을 어찌할 수 없었다.

이순耳順이란 말이 있던가. 생각하는 것이 완숙경完熟境에 들어 무슨 말이든 이해가 빠르고, 넓고, 깊음을 이름일 것이다. 나이테를 빗댄다면 내 동그라미도 어지간해진 편이다. 언제부턴가 나는 들리는 것만 듣고 보이는 것만 보고 고개를 끄덕이며 살고자 다짐했다. 그러나 쉽지 않았다. 이순耳順이 반드시 이순理順이 아님을 알면서도 다짐처럼 되지 않았다. 이순耳順대로라면 뜻을 이해했으면 고개를 끄덕거려야지 '전방에 ~~이다.' 따위의 이순理順에 마음이 걸려서야 될 일인가.

사실, 우리는 어려서부터 알게 모르게 이순耳順적인 삶도 누려오고 있는 셈이다. 약방에 가서 '배 아픈 약'을 달라면 약사는 배 아플 약을 주는 것이 아니라 '배 나을 약'을 준다. 집에서도 흔히 '문 닫고 들어오라' 하면 문부터 닫는 게 아니라 들어간 다음 문을 닫는다. 이순理順에 어긋난 말들이지만 본의를 이해하고 아무 일 없이 잘들 소통하고 있다. 이런 것들이야말로 따스한 인간적인 면이 아닐 수 없다.

컴퓨터 단말기에 예속된 나날이 디지털시대를 사는 우리들의 실상이 아닌가 한다. 승용차에 단말기를 붙여놓고 보니 자칭 로드메이트라는 메조소프라노의 고운 음색을 사실 반기지 않을 수가 없다. 그러면서도 그 빛깔이 반드시 바르게만 들리는 것이 아니라는 엄연한 현실 앞에 일말의 서글픔을 곱씹곤 한다.

('06)

동수필童隨筆에 대한 도막생각

'어린이 수필'이 가능한 것인가? 그런 물음은 아마도 수필의 태생적 속성을 염두에 둔 물음일 것이다. 아동문학이란 말이 엄연히 있고 아이 동童자가 붙여진 동시, 동화, 동극 등의 장르별 작품들이 널리 읽히고 있는 현실인데 유독 수필만은 '동'자가 붙여진 게 없으니 첫머리의 물음이 나올 법도 하다. 이변이라면 이변인 셈이다. 그러나 그것은 당연히 아동문학 속에 갖춰져야 할 구색이 아니던가.

문학이란 말에 관형사가 붙여진 경우를 흔히 보고 있다. 역사문학이니 해양문학이니 추리문학이니 하는 유의 것들이 바로 그런 것이다. —뿐만 아니라 아주 좁혀서 일기문학이니 서간문학이니 기행문학이니 하는 서술도 허다하다. 이런 분류랄까 명명은 논자들의 어떤 설명적 편의에서 온 것으로 이해되지만 출판사의 홍보 전략에서 이루어진 경우도 없지 않을 것이다. 아동문학도 그런 차원의 일환이라고 보아 틀리지 않을 것이다. 그런데도 아동문학자들 사이에 그 전문성의 문제가 심심찮게 논의되곤 한다는 말은 주목할 만한 일이다.

무릇 장르의 벽은 헐어버려야 한다. 문학뿐 아니라 예술전반에 아니, 문화전반에 그런 흐름은 이미 도도한 실정이다. 거리마다 음식도 디자인도 건축도 이른바 퓨전의 파고가 넘치고 있는 그런 시점時點에 새삼 동수필의 문제가 왜 나오느냐고 까우뚱한 사람도 없지 않다. 그러나 퓨전이란 여러 요소가 전제되어야 하는 점에서 그것은 반드시 그렇게만 볼 일만은 아니다.

정진권 선생은 일찍이 '어린이를 대상으로 성인인 수필가가 쓴 수필을 동수필이라 명명하자는 제안'을 한 바 있다. 그 이유를 '동수필은 문학작품이어야 하고, 문학작품은 오랜 수련을 쌓은 전문가에 의해서만 창조되는 것이기 때문'이라 했다. 합당한 지적이다. 이 말은 또한 필자가 위에서 아동문학가들 사이에 그 전문성의 문제가 심심찮게 논의되곤 한다는 대목과 연관되는 말이기도 하다.

언제부터인가 아동문학을 어린이도 쓸 수 있는 좀 낮은 문학으로 여기고 아동문학작가들을 은근히 그렇게 보는 경향이 있었다 한다. 아마도 어린이 잡지에서 '어린이 문원文苑'을 엮고 아동문학가의 작품도 함께 게재한 데서, 그런 오해가 생기지 않았나 싶다. 역사문학이나 해양문학이 반드시 역사가나 마도로스가 쓰는 문학이 아니듯이 아동문학도 어린이가, 더더구나 미숙한 어린이가 쓸 수 있는 문학이 아니다. 어린이가 쓴다는 문학은 어디까지나 그 수련의 일단일 뿐이다. 무릇 문학은 '오랜 수련을 쌓은 전문가'의 몫이기 때문이다. 아동문학가들 사이에 새삼스럽게 전문성의 문제가 논의되곤 하는 것은 그런 의미에서 당연한 바로잡기라 할 것이다.

문제는 그동안 어린이를 대상으로 한 시(동시)나 소설(동화)이나 희곡(동극)을 쓴 작가들은 많았지만 수필(동수필)을 쓴 작가들은 거의 없었다는 점이다. 어른인 수필가가 문을 열고 가르치지 않았기 때문에 아동문학의 장르 속에 '동'자를 붙이고 끼지도 못한 채, 서자처럼 그냥 지내온 셈이다. 다른 장르는 특활을 통해서 그 장르의 이름으로 흉내 내기 같은 쓰기수련을 하고 있지만 수필만은 왠지 그 이름으로 그런 과정이 이루어지지 않고 있다. 그러나 사실을 따지고 보면 반드시 그렇게 볼 것만도 아닌 것 같다.

초등학교의 국어교육은 기본적으로 듣기, 말하기, 읽기, 쓰기의 수련이다. 그것도 실용적인 면에서 어떤 정보 전달이나 설득, 친교 등을 위한 바르게 듣기, 말하기, 읽기, 쓰기가 먼저다. 정서표현의 영역은 그 다음의 일이다. 그 중에서도 특히 쓰기는 일상교과과정보다는 특기신장을 위한 프로그램에 그 실을 기대하고 있는 실정이다. 그러나 현장에는 말과는 달리 많은 어려움이 겹쳐 있다.

정진권 선생은 수필가들을 향해 동수필은 "어린이가 이해할 수 있는 어휘, 문장, 표현법에 한해야 한다."며 그 "어휘는 이응백 선생이 제시한 〈초등학교 학습용 기본어휘〉 정도면 어떨까 한다."라고 제안한 바 있다. 합당한 기준으로 이해된다. 그러나 학교 현장에서는 이 기본어휘의 실용적 학습만으로도 그것이 그대로 목표가 될 만큼 쉽지 않는 일이다. 하물며 이 어휘를 활용하여 문학작품을 형상화한다는 것은 어린이로서는 아예 불가능한 일이다.

초등학교에선 특기신장교육의 일환으로 문예반이라는 특활반이 있다. 교사 중에 작가가 있는 학교에선 더러 동시창작반이니 동화창작반이니 하는 교실이 나누어져 있다. 그런데도 그 현장에선 쓰기 위주라기보다는 기초적인 문학이론이나 작가들의 작품 읽기, 듣기 그리고 돌아가며 느낌 말하기 정도로 시간이 채워지고 있다. 그나마 동수필은 그 이름으로 활동하는 곳조차 찾기가 힘들 지경이다.

'어린이 수필이 가능한 것인가?'라는 첫머리의 물음에 필자는 수필의 태생적 속성을 염두에 둔 물음일 거라는 말을 했다. 과연 수필은 기본적인 듣기, 말하기, 읽기, 쓰기를 다 졸업하고 이를 자유롭게 구사할 수 있는 완숙경의 어른들이 그동안의 '체험과 사유'를 담담히 형상화한 것이란 점에서 '중년 이후의 문학, 만년의 문학으로' 여겨진 게 사실이다. 그러나 그것은 어린이들의 동수필 쓰기 수련과는 차원이 다른 얘기다. 작가가 어린이를 위한 작품을 쓰려고 그 세계에 파고들어 전문가가 되고 그 전문적인 작품에 '동'자를 붙인 것이 바로 아동문학이 아닌가. 수필만 그런 전문성을 확보하지 못한 것이지, 어린이들이 작가를 지망하여 각종 문장을 비롯하여 동시, 동화, '동자도 못 붙인 수필' 쓰기에 이르기까지 무릇 그 글쓰기는 아직 문학작품이라 할 수 없다. 중년문학 운운하는 수필은 그 태생과 더불어 독자층의 경향을 두고 하는 말이면 모를까, 그것 때문에 어린이의 수필쓰기를 까우뚱할 일은 아닐 것 같다. 오히려 자기표현의 기초를 더욱 다져주어야 옳을 일이다.

어린이들은 각종 문장의 요령을 배우고 있다. 실용적인 기록도 배우고 서정적인 표현도 배운다. 논설문이나 기사문에서는 논리적 표현을, 감상문이나 서정문에서는 정서적 표현을 익힌다. 그러나 일기, 서간문, 기행문 등에서는 실용적인 기록뿐만 아니라 그에 덧붙여진 서정적인 표현도 함께 읽게 마련이다. 이 두 가지 요소가 호응이 잘 이루어지거나 혼융이 돼서 산뜻한 한 편의 글이 탄생했다면 그 글을 무슨 글이라고 해야 할까. 장르를 따진다면 동수필이라고 할밖에 없지 않는가. 학교 현장에서 사실 이런 일은 심심찮게 일어나고 있지 않는가.

≪문장강화≫ 유類에선 수필을 각종 문장의 하나로, 문학개론 류에선 장르의 하나로 분류하고 있다. 장르 쪽에서 보면 수필이란 시, 소설, 희곡, 평론 등과 같은 반열이지만 속성을 따지면 이들의 요소를 두루 간직하고 있는 통합적인 특성을 지니고 있다. 그런 점에서 보면 어린이 글쓰기란 바로 이 수필쓰기가 기본이 되는 게 아닌가 싶다.

수필은 자연이나 일상의 여러 일들에 대한 단편적인 생각이나 느낌을 소박하게 서술하는 글이다. 어린이는 아직 자연이나 일상의 여러 일들에 대해 깊이 생각하고 느끼질 못한다. 그만큼 쓰기도 깊지 못하고 단순하다. 초등학교에서 어린이들이 쓰는 모든 글은 다 수필의 수련 같은 것이라고 해서 틀리지 않을 것이다. 교단에서 그렇게 정리해서 가르쳐주지 않고 있을 뿐이다. 그 점에 관해서 당국은 관심을 좀 가져주었으면 싶다.

동수필은 어린들이 비교적 접근하기 쉬운 감상문과 함께 일기, 편지, 기행문 등을 사실의 기록으로서 뿐만 아니라 서정적으로도 서술을 할 수 있는 기법을 지도한다면 그 실마리가 풀리지 않을까 싶다. 무엇보다 지도교사의 애정이 긴요한 현실이다.

('06)

말은 할 탓, 들을 탓

말하기 좋다 하고 남의 말 말을 것이
남의 말 내 하면 남도 내 말 하는 것이
말로써 말이 많으니 말 말음이 좋아라.

- 무명씨

나는 가끔 이 노래를 되뇐다. 우선 가락이 매끄럽다. 내용도 향수 같은 덕성이 훈훈하다.

그러나 이런 분위기는 날로 시들해지고 있다. 치열한 이 경쟁 사회에서 살아남기 위해선 '반드시 이겨야 한다.'고 팔을 걷어붙이고 있으니 말이다. 사람값을 제대로 받자는 다짐들이 널리 트이면서 '목소리 큰 사람이 이긴다.'는 야릇한 바람이 일렁이고 있다. 말로써 말이 통하지 않으면 서슴없이 몸통으로 밀어

붙이고 힘이 째게 되면 금방 붉은 머리띠를 질끈 동여매고 모인다. 그리곤 몽둥이와 쇠파이프가 처절하게 그 몫을 찾는다. 그 와중에 매끄러운 가락과 훈훈한 덕성은 어디에서도 찾을 수가 없다. 말깨나 하는 사람들이 이를 두고 '의사표시의 새로운 패러다임'이라고 점잖게 말하고 있지만 그 끝은 어찌될 것인가?

사실, 말만큼 말로써 말이 많은 것도 그리 흔치 않을 것이다. 어떤 이는 말을 '정신의 호흡'이라고 한다. '사상의 옷'으로 비유하는 사람이 있는가 하면 바로 '행위'라고 정의하는 사람도 있다. 곱씹어보면 그 속에서도 숱한 말들이 숱하게 오고갈 수 있을 것 같다.

내 친구 ㄱ은 말을 썩 잘한다. 갑자기 둘러대기도 잘하고 잠언이나 고전 등 남의 말의 원용도 활발하다. 조리가 차분한 편이다. 그런데도 친구들은 이를 곱게 받아들이지 않는 경우가 많다. 한마디로 너무 아는 척한다는 것이다. 무슨 왈~, 무슨 왈~, 아무개가 말하기를~, 어쩌고저쩌고는 잘하지만 막상 제 말이 없다는 것이다. 남의 말을 앞세워 제 생각을 말하고 만일의 경우까지를 대비하는 영악한 면이 있다고 몰아붙이기까지 한다. 과연 그렇고 그렇기만 할까?

또 한 친구, ㄴ도 말을 잘하는 편이다. ㄱ과 다른 점이 있다면 모든 얘길 제 얘기처럼 거침없이 하는 점이다. 정연한

면은 좀 미흡하지만 선뜻선뜻 웃기면서 듣는 사람을 놓치지 않는 재간이 있다. 남의 말의 출처를 밝히는 일은 거의 없다. 아니, 같은 자리에서 모두가 함께 들은 말도 이윽곤 천연덕스럽게 제 얘기 속에 매끈하게 땜질해버리는 어찌 보면 얌체다. 그런데도 친구들은 그를 두고 이렇다 저렇다 말이 없다. 그 까닭은 무엇이며 그래도 되는 것일까?

친구 ㄱ이나 ㄴ은 어떤 말쟁이의 대표가 아니다. 이를 평가한 다른 친구들도 그런 전문가들이 아니다. '말로써 말이 많은' 한 사례로, 또 많은 말들을 생각하게 하는 연이 되고 있을 뿐이다.

신문을 뒤척이다 말고 나는 '응?' 하고 까우뚱했다. 한 국무위원의 교수시절 논문이 문제가 된 기사다. "아무개 '논문 자기표절' 7개로 늘어나"란 부제 아래 "몇 년 논문 연구비 두 번 탔다"란 표제가 큼직하게 눈에 띈다. 기사는 표제의 내용일 뿐, 부제에 관한 얘긴 거의 없다. 다만 결미에 "제목만 바꿔 다른 논문처럼 발표하는 아무개의 '자기표절'도 추가로 네 건 드러났다. 이로써 재탕 논란에 휘말린 논문은 일곱 건으로 늘었다."라고 쓰고 있다. '자기표절'의 뜻을 짐작게 하는 대목이다. '논문 자기표절'이라? 그런 말도 있었던가? 나로선 처음 들어보는 말이다. 그렇다면 그 따옴표는? 기자의 자의적인 것인지 교수사회에선 이미 일반화된 용어를 그렇게 원용한 것인지 아리송하다. 만일 그것이 기자의 자의적인 것이라면 아무래도 거기엔 감성의 빛깔이 좀 스민 것 같다. 말은 '에'해 다르고 '애'해 다른, 할 탓 아닌가. 그렇지만 이런 것도 목탁의 톤이라고 해야 할 것인가?

말은 상대를 전제로 한다. 말은 말로써 상대와 교류하고 공감하고 더불어 사는 연결고리다. 말은 들을 탓이다. 아무리 말로써 말이 많아도 그 속의 들을 수 있는 말의 꼬투리를 찾아서 문제를 말로 풀어야 한다. 아무리 이겨야 할 일이 화급하다 해도 섣불리 붉은 머리띠, 몽둥이, 쇠파이프 따위를 앞세운 밀어붙이기는 말에 대한 모독이다. 말을 주고받으며 더불어 살아야 할 인성의 파괴다.

돈을 쫓아간다고 다 돈이 되는 것은 아니다. 이기기를 덤벼든다고 다 이기게 되는 것은 아니다. 어느 것이나 이치 바르게 성실을 다하다 보면 어느새 그것이 돈으로도 쌓이고 이김으로도 이어지는 것이다. 돈이나 이김은 목적이라기보다는 그 과정에 대한 보상일 뿐이다.

그 바탕을 나는 모두에 〈무명씨〉가 노래한 매끄럽고 훈훈한 덕성이라고 생각한다.

"말로써 말이 많으니 말 말음이 좋아라." 말은 할 탓, 들을 탓의 다함없는 호응이 아니던가.

('06)

멋진 일상

– 장돈식 선생 댁을 찾아

계곡을 왼편으로 끼고 새로 난 길을 막바지까지 거슬러 올라가면 거기, 그 집이 있다. 축대로 보완된 언덕바지 위에 살짝 오른편으로 비껴선 그 집은 앞자락이 넉넉하다. 그 끝머리엔 감돌아 내리는 계곡을 조촐하게 가린 유선각遊仙閣이 있다. 그 집은 뒤로 길을 감춘 산골짝의 외로운 섬이다. 주인은 이를 산방山房이라고 부른다.

대체로 그런 집들은 규모나 빛깔로 그 팔자를 과시하지만 그 집은 이층이면서도 단층 같고 모든 치장이 옅은 나무 색 아니면 흙 빛깔로 조용하다.

거실에 들어서면 천장이 이층까지 확 트여 웅장하다. 안쪽으로 식당을 겸한 주방이 아래층을 이루고 있다. 싱크대와 식탁 사이에는 회전의자가 설치되어 취사도 앉은 채 할 수 있는 정교한 구조다. 전면은 통유리이고 좌우 양면은 합판 벽이다. 벽에 예쁜 고리들이 달려 있다. 이를 당기면 냉장고, 쌀통 등등이 나타난다. 한 고리를 옆으로 밀치니 양편으로 문이 열린다. 레일은 위쪽에 감춰져 있다.

이층 서재도 거실 쪽 벽은 통유리다. 간편한 취사시설이 거기에도 있다. 붙박이서가, 컴퓨터, 오디오, TV 등이 정연하다. 뜻밖에 색소폰이 한 자리 차지하고 있다.

현관 밖에는 대청만 한 노천 마루가 있다. 다목적 테이블에 하늘을 가리는 삼단 대형 양산이 한가운데에 꽂혀 있다. 마당가에는 '풍순이'와 '진돌이'가 느긋하고, 오리 대여섯 마리가 뒤뚱대며 풀을 뜯고 있다.

산방 주인은 '미수米壽를 앞둔 청년답게' 혼자서 멋지게 산다. 맛있게 밥해먹고 기르는 것들 밥 주고, 청소하고 풀 깎고, 채소도 가꾼다. 풀꽃들과 얘기하고 새들과 노래하며, 짐승들과 숨바꼭질하고, 나무들과 하늘을 우러르며, 바위들과 사색을 나눈다. 흰 눈이 내릴 때면 짐승들과 새들의 먹이를 땀흘리며 곳곳에 챙겨다 준다. 책 읽고 글 쓰고, 메일 교환하고, 색소폰 연습에 빠진다.

색소폰 선생이 그의 심폐기능을 걱정했을 때 그는 즉각 진단서를 떼어다 주며 10여 곡만 배우자고 했다. 한 이 년 걸릴 거라는 격려에 희망이 부풀어 있다.

봉사활동도 소리없이 특이하다. 한 복지법인에 자판기를 기증하면서 문득 이런 걸 수입원收入源으로 만들어 줄 수는 없을까 하는 생각을 했다. 바로 관계기관을 찾았다. 몇 차례 협의 끝에 장소 선정은 관계기관이, 자판기 시설은 그가 맡되, 처음 시작할 때는 자판될 상품까지 하나 가득 채워주기로 했다. 법인은 그걸 운용해서 그 과실果實을 수입으로 보태게 하고.

비슷한 형태가 또 하나 있다. 그는 그의 집 오른쪽 둔덕 위의 조출한 남새밭 옆 빈 터전을 넓게 개간해서 썩 기름진 채소밭을 만들었다. 각가지 채소를 잘 가꾸어 때가 되면 항상 관계기관 담당자에게 연락하여 이를 필요로 하는 어려운 쪽 사람들로 하여금 흐뭇한 마음으로 캐가도록 개방을 했다. 그는 이렇듯 받는 쪽도 반드시 한 자락을 맞들게 하는 협력의 묘妙를 놓치는 일이 없다.

"외롭지 않으세요?"

"외로움을 모르는 사람은 글 못 써요!"

외로울 겨를도 없어 보이지만 문득 외로움이 스밀 때면 그는 일상을 담담히 수필隨筆하는 여유를 즐긴다. 그로선 신변잡기일 수도 있다.

누가 수필을 '삶의 잉여剩餘'라고 했던가. 그렇다. 예술이란 누가 뭐라 해도 배부르고 등 따뜻한 연후의 호사가 아닌가. 유달리 '수필의 예술화'를 외치는 사람들이 있다. 그들은 한번쯤 예술 같은 산방을 짓고 실존적인 멋진 일상을 즐기는, 그의 삶 자체를 천착해볼 필요가 있지 않을까 싶다. 그런 '잉여'의 터득이야말로 격조 있는 수필의 시원이요, 자양일 터이기 때문이다.

나는 2년 후에 꼭 그의 색소폰 연주를 들으러 그 집을 찾을 작정이다.

('07)

모기, 그 장렬한 산화

"할아버지!"

쫓아와 안기는 석규녀석의 몸뚱이에 반창고가 다닥다닥하다. "그놈의 모기, 어디 숨어 있다가 이 지경을 만들어 놓았는지…." 제 엄마의 푸념이 머쓱하다. 그래도 긁지 못하게 채비한 게 갸륵해서 나는 "우리 석규, 별 많이 땄구나!" 하고 다독다독해 준다.

별난 일이긴 하다. 여름살이의 하찮은 미물이 어쩌자고 때도 모르고 선진국 문턱에 선 우리의 윤나는 살갗을 마구 쑤셔대니 말이다. 희망의 차세대도 아랑곳하지 않고. 묵과할 수 없는 만행 아닌가.

우리도 할 말은 없다. 비닐하우스라는 풀떼기 공장에서 햇

별, 바람, 눈비 등을 멋대로 농단壟斷하면서 사시절 안 내놓는 채소가 없고 안 보여준 꽃이 없으니…. '원예작물' 교과서는 그 파종과 수확기를 어떻게 쓰고 있는지 궁금하다. 그뿐 아니라 양축, 양어, 양패 등의 공장들을 생각해도 '미국 쇠고기'나 '중국 멜라민' 문제 따위는 언제든지 터질 수 있는 휴화산이 아닌가. 이런 정황 속에 모기의 월경越境 사태는 그야말로 '모기 다리의 피'만큼이나 미미한 변덕일 것이다.

어렸을 때, 난 여름마다 할머니의 부채바람에 잠이 들었다. 아침이면 어머니나 삼촌이 와서 방장 안 모기를 '딱, 딱' 박살하면서 나를 흔들었다. 빨개진 손바닥을 펼쳐 보이며 "이게 다 네 피다." 하고 놀리며 방장을 걷었다.

그땐 이, 벼룩, 빈대도 득실거렸다. 수시로 잡아댔지만 결국은 얽혀 산 꼴이었다. 그것들이 언젠가 우리 곁을 떠났다. 모기만 아직도 인연을 돈독히 하고 있으니 그냥저냥 지낼 법도 하다. 그러나 그것들이 예고 없이 옮겨줄 수 있는 말라리아나 뇌염 문제를 떠올리면 석규를 위해서도 그냥 넘길 수만은 없는 일이다.

모기약을 넉넉하게 사다가 방마다 나눠주며 "석규 안전에 만전을 기하라."라고 부대장 같은 엄명을 내렸다. 그러나 모두 시큰둥했다. 한마디로 약발이 서질 않는다는 것이다. 나도 좀 머쓱해졌다.

축구경기를 보기 위해 TV 앞에 막 앉는데 오른팔 손등이 따끔했다. '앵~' 소리도 듣지 못한 채 기습을 당한 것이다. 굽어보며 가만히 힘을 주었다. 꼼짝하지 않는다. 입부리가 조여진 것인지, 핏발을 탐한 것인지는 알 수 없으나 '고양이 앞의 쥐' 꼴이다. 나는 회심의 미소를 지으며 왼팔을 올려 손바닥 폭탄을 내리쏟았다. 이것이 모기와의 전쟁을 선포하는 계기가 되었다.

무기라곤 내 몸동작과 파리채를 대용한 모기채 하나뿐이다. 저녁을 먹고 TV 앞에 편안히 도사린다. 두 손을 허벅지 위에 살짝 올려놓으면 노출된 손등이 곧 유인의 장이자 결전장이 된다. 눈길은 연방 손등과 TV 화면을 오르내린다. 어느 쪽이든 한쪽이 공격을 받게 되면 다른 한쪽은 바로 공격무기가 된다. 희한한 변통자재變通自在다. 양편공격을 받기도 한다. 그게 한 마리씩일 땐 큰 놈을, 복수일 땐 많은 놈들을 섬멸키로 한다. 한번은 비슷한 것들이 양쪽으로 침공해 왔다. 서슴없이 우익을 처단했다. 왼손잡이의 조건반사였다.

개전 초의 전과는 겨우 사체 여섯. 그러나 모기채로 온 집안을 탐색하면서 여남은 마리로 늘고 마침내는 스무남은 마리 수준에 이르렀다. 석규 몸에 붙여진 반창고도 하나둘 줄기 시작했다.

이런 내 무용담을 듣던 한 친구가 "이상李箱의 권태가 아니라 백수白手의 권태구먼." 하고 고개를 내저었다. 쓸모없이 버려진 파리채를 모기채로 되살린 건 온고지신溫故知新이냐고 이죽거렸다. 종로5가 길가에 가면 테니스라켓만 한 좋은 채가 얼마든지 있으니, 눈이든 귀든 좀 열고 다니라고 했다.

눈을 열고 보니, 3가에도 근사한 '전자식 모기 올가미(Electronic mosquito trap)'가 있었다. 촘촘한 철사 망이 핵심인 듯, 그 양면을 자줏빛 플라스틱 틀이 예쁘게 감싸고 그 겉을 또 좀 성근 철사 망이 팽팽하게 덮고 있다. 단추만 누르면 표지등이 켜지고 올가미가 작동하는 충전식 병기兵器다. 손잡이 상단과 끝단엔 플래시 라이트까지 붙어 있다.

"따닥!" "따따닥!" 하는 전광격음電光激音이 와락 전의를 부추겼다. 테니스라켓 같은 넉넉한 올가미로 점잖게 휘저으면 멎은 놈 나는 놈을 가릴 것 없이 "따닥 · 따따닥"이다. 뒤끝도 거의 흔적이 없다. 소리 없이 떨어져 팽이 돌듯 하다 죽는 놈도 있긴 하지만. 하이라이트는 강렬한 그 섬광과 폭음 속에 포연 같은 연기를 날리며 고기 냄새까지 흩뿌리는, 일제日帝의 침략군 통수부統帥部인 다이홍에이[大本營] 발표를 빈다면 장렬한 산화散華다.

나는 그 현상을 감전의 강약관계로 여겼다. 마침 멀리서 살고 있는 손자, 진욱이가 와서 '따따닥'에 혹해, 설쳐대기에 그동안의 사연을 설명했다. 녀석이 갑자기 "할아버지는 참?"

하고 말머리를 끊더니 "그건 단백질 타는 냄새예요." 한다. "뭐라고? 와-, 우리 진욱이!?"

동물의 피를 빨아야 하는 암모기의 모성이 번개처럼 스쳤다. 사람이나 다를 바 없구나! 그런데 나는 신무기의 연승連勝에 도취해, 이를 일제의 자국군 전사자에 대한 찬양의 허사虛辭까지 원용해 빈정댔으니…. 그래도 진욱이 덕으로 모기의 죽음이 그런 허사가 아닌 진짜 종족번영을 위한 '장렬한 산화'임을 알게 된, 그 경이驚異를 다행이라고 할밖에.

모든 게 다 '백수의 권태' 같기도 하다. 하지만 속으론 빙긋이 되뇌어본다.

'모기, 그 장렬한 산화'를.

('08)

기도하는 삶

- 황경운 수필집 ≪하늘에 그린 초상화≫에 부쳐

1.

황경운 여사는 언제 보아도 단정한 매무새다. 특별히 튀거나 휘진 경우를 본 일이 없다. 수수한 심성이 그대로 밴 탓이리라. 말씨가 잦은 편은 아니다. 그러나 할 이야기를 놓치지는 않는다. 높지도 낮지도 않은 목소리가 듣는 이의 귀를 늘 편안하게 한다. 약속은 천재지변에 준하는 부득이한 경우를 제외하곤 어길 줄을 모른다. 무릇 관계 속에 사는 바탕이 그것임을 주님에게 익힌 까닭이리라. 나누기를 좋아한다. 사탕 하나라도 먹고 남은 것이나 흔한 것이 아닌, 처음 먹어본 새 맛을 내놓는다. 감동적인 작품이나 성직자의 강론 등을 간추리며 심심찮게 공감동정을 구한다.

2.

황 여사는 평양 토박이다. 큰오빠가 미국유학을 다녀올 만큼 확 트인 가정의 6남매 중 다섯째로 다복하게 자란다. 6·25전쟁의 돌발은, 민족상잔의 그 비극은 황 여사에게도 크나큰 시련과 아픔을 안겨준다. 싸움이 한창 밀치락달치락 하던 1950년 12월 1일, 그 댁에서는 우선 젊은이들만 피란을 하기로 뜻을 모은다. 일행은 황 여사와 그의 남동생, 황 여사 형부와 또 그의 남동생, 그리고 '아빠 따라 간다'고 막무가내인 세 살배기 조카 봉춘이다. 그때 상황을 이렇게 토로한다.

> 아수라장 같은 북새통에 떠밀려 배에 올랐다. 대동강 철교는 이미 끊긴 상태였고 배가 도강의 유일한 수단이었다. … 강 건너 석교리 사촌 언니 집으로 몰려갔다. … 갑자기 폭탄 터지는 소리가 … 계속 가까워졌다. … 날이 밝자 쫓아나가 보니 …강을 건너던 인파도 뚝 끊겼고 우리가 탔던 마지막 배도 불타버렸다.
>
> — 〈어머니〉

강변에 쌓아둔 포탄을 다 폭발시키고 작전상 후퇴한다는 국방군의 말을 믿고 그 전선戰線을 뒤따른다. 눈물을 삼키며 뒤돌아보고 또 뒤돌아보며 밀리는 사이에 행인지 불행인지

가늠되지 않은 기차를 타게 된다. 우선 고단한 육신을 '푹' 부리고 쉴 수밖에. 추슬러 일어났을 땐 놀랍게도 어느새 남한 땅! 행선지는 저절로 큰오빠가 살고 있는 먼 대구가 된다. 그 큰오빠 댁에 도착한 게 그해 12월 20일! 평양을 떠난 지 꼭 스무 날 만이다. 그 시간을 짧다 하랴, 길다 하랴.

3.

믿었던 '작전상의 후퇴'는 전쟁의 한낱 허사虛辭처럼 맴돌고 쫓기듯 도망치듯 허위허위 달려온 황 여사 일가一家의 젊은 피난족은 갈 수도 올 수도 없는, 이산을 극복해야 할 냉엄한 현실 앞에 선다. 큰오빠를 유일한 언덕으로 비비면서 저마다 분가分家의 실사實辭를 찾아 사방팔방을 누빈다.

그 과정에 얼른 얼거리가 잡히지 않아서, 빈털터리여서, 지연이나 학연이 닿지 않아서 매듭을 풀지 못하는 경우가 열 번도 스무 번도 아니다. 그럴 때마다 그들은 다시금 주먹을 쥐고, 터무니없는 오해나 모함도 안으로, 안으로 조용히 삭히는 삶의 지혜를 쌓아간다. 황 여사는 어머니를 비롯한 본가本家의 여러 어른들을, 두고 온 산하에 새겼던 아롱진 꿈들을 시도 때도 없이 떠올리며 두 손을 모은다. 마침내 그 모든 것을 풀 수 있는 유일한 열쇠는 오직 '여호와 하나님의 사랑'이라는 것을 크게 깨닫는다.

대구에 아버지 같은 큰오라버니가 사신 것은 여호와 이레의 축복이었습니다. 이산의 아픔을 삭히며 통한의 세월을 신앙에 의지하여 살았습니다. 가슴 시린 고독, 번뇌와 방황, 절망의 늪에서 나를 이끌어 주신 이는 주님이셨습니다. 주님은 영원에 잇대어 사는 지혜를 심어 주셨습니다.

- 〈새날을 열며〉

4.

황 여사는 모태신앙의 계승자답게 같은 교회의 건축공학도 임급주 교우敎友를 부군夫君으로 맞는다. 서울로 생활터전을 옮기면서 먼저 교회부터 찾는다. 교회의 재직으로서의 봉사와 가정의 주부로서의 근검을 둘이 아닌 하나로 묶는다. 처음 얼마 동안은 집 가까운 교회를 몇 군데 다녔으나 마침내 새문안교회로 귀착하여 매우 활기찬 신앙, 봉사, 가정생활의 시대를 연다.

모두에 기락한 황 여사의 표상도 사실, 안팎이 하나가 된 바로 이때부터 무르익기 시작한 것으로 보인다. 황 여사는 마침내 새문안교회 여장로女長老 1호의 안수를 받는다. 성전 설계에만 전념한 부군 임급주 장로의 뒤를 이어 시무하면서 부부장로 1호의 기록까지 남긴다. 황 여사는 오라버니도 시숙도 다 장로인 온 집안의 영광을 다함없이 감사하고 기도한다.

5.

수필집 ≪하늘에 그린 초상화≫는 황경운 여사 일가의 분단 이야기다. '두고 온 산하'와 동행하지 못한 어른들과 형제들과 친구들에 대한 사무친 서정이다. 다시 일어서는 힘과 용기를 신에게 갈구하는 겸허한 기도며 그 성취에 대한 감사와 찬양이다.

황 여사의 글쓰기는 그의 '기도하는 삶'의 한 갈래라고 할 수 있다. 문학하는 시각에서 보면 독특한 수사修辭가 다소 있지만 그것이 바로 기도의 색조임에랴. 황 여사는 부군의 '제도 스케치를 또 하나의 기도'로 조용히 손을 모은 사람이니…. 수필집 ≪하늘에 그린 초상화≫의 출간을 축하하는 정의情誼도 또한 여기에 있다.

책도 읽을 탓이다. 독자의 몫은 그래서 언제나 다채롭다. 따뜻한 눈길을 바라 마지않는다.

끝으로 필자는 황 여사의 다음 말을 다함없는 축복으로 되뇌면서 이 덧붙임을 매듭짓기로 한다.

> 아침에 일어나면 먼저 절대자 앞에 공손히 무릎을 꿇는다. 동행하시는 그분께 하루를 의탁하면 언제나 맑은 하늘이다.
>
> — 〈성전의 설계사〉

삶의 편린들을 글로 옮기고 싶다. 신앙과 삶의 일치점을 찾아 새로운 장르를 열어보고 싶다.

– 〈시작과 마감 그리고 또 다른 시작〉

('06)

배려하는 자세

– 김혜숙의 편모

나는 김혜숙을 단발머리 학생으로, 교육동지로, 수필문우로, 삼세번을 만났다. 내가 아는 한, 김혜숙은 '안으로 자상하고 밖으로 너그러운' 사람이다.

처음 사제의 연으로 만났을 때, 그녀는 고3 학생으로 내가 담임한 반의 반장이었다. 당시 나는 '담임'이라는 직무를 같잖게도 '잡무' 정도로 여긴 되바라진 교사였다. 교직평생에 담임경력이라곤 고작 세 번인데 그때가 아마도 그 마지막이 아니었던가 싶다. 그런데 학급경영을 잘한다는 말을 들었다. 그건 전적으로 반장의 덕이었다. 반장이 끼는 곳엔 언제나 까르르까르르 웃음소리가 넘쳐났다. 반장은 그런 리더십으로 담임이 할 일을 자연스럽게 해치웠다. 혜숙에겐 그런 훈훈한 인화가 있었다.

교육동지로 다시 만나게 되었을 때, 나는 우선 내 자격지심을 어찌할 수 없었다. 중등과 달리 초등은 담임중심의 교육체계인데 김 선생의 중등학교 마지막 담임이란 자가 덕이나 보았지 뭐 하나 안겨준 게 없어서다. 그러나 김 선생은 "선생님 말씀대로라면 전 고3 때 이미 담임 교생실습을 끝마친 셈이네요. 감사합니다." 하고 까르르 웃었다. 못 말릴 재치였다.

자주 만나진 못했지만 더러 풍문으로 김 선생이 "예쁘고, 애들 잘 가르치고, 사무능력도 뛰어난 착한 선생"이란 평을 듣곤 했다. 그때마다 나는 주책없이 김 선생 첫 수필집의 표제인 ≪마르지 않는 샘물≫ 같은 미소를 가만히 날리곤 했다.

교직에도 이러쿵저러쿵 쏠림현상이 끊이지 않았다. 겉으로 보기엔 김 선생도 여느 교사와 마찬가지로 그에 쏠려 있었지만 속으론 아닌 것은 끝내 아닌 것으로 치부했다. 말하자면 그런 실존적인 선택과 실천을 소리없이 쌓아갔다. '안으로 자상하고 밖으로 너그러운' 품성은 그렇게 영글고 있었다.

세 번째 문우로 만난 건 피차 '새로운 경악'이었다. 어느 세미나장에서 문득 맞부딪친 우리는 "아!" 하며 잠시 말문을 잃었다. 곱게 삭혀진 세월이 포근한 표상으로 나타나 있었다. 작품 활동을 통해서 무르익은 내공의 아름다움이 더욱 격조를 더한 것으로 여겨졌다. 단발머리 혜숙이가 김 선생이 되어 교직동업자가 되었는데 다시 수필동업자로 김 여사가 되었으니 참으로 좋은 인연이다.

그 후, 문인들의 여러 모임에서 이따금 김 여사를 만나면 더없이 반가웠다. 한번은 그녀가 즐기는 답사와 여행에 관한 근황을 물었다. "참 묘해요. 전엔 반애들의 얘깃거리를 마련한답시고 했는데 지금은 내 글감을 위한 나들이가 되었어요. 욕심쟁이 아닌가요?" 하고 웃었다. 나는 즉각 '매우 바람직한 추이'라고 응수했다.

그리고 다음과 같은 요지의 얘기들을 나누었다. 그것은 반애들에 대한 배려를 자신에 대한 배려로 확산시킨 것, 아니 승화시킨 것이라고. 배려란 남을 위한 것인데, 자신이 자신을 배려한다는 것은 자신이 자신을 남처럼 객관화하고 분석 종합하고 정감을 소통한다는 뜻이 아닌가. 이를 글감으로 삼는다는 것은 자신이 자신을 아름다움의 대상으로 가꾸고 형상화한다는 뜻이 되지. 수필가로서의 자신을 '배려하는 자세', 그것이면 됐지 더 바랄 게 무언가. 함께 웃었다.

나는 평소에도 그녀와 이런 식의 교감을 이심전심으로 자주 나누고 있는 셈이다.

이제 김혜숙은 ≪지금도 나는 초록빛으로 산다≫, ≪나는 늘 여행을 꿈꾼다≫, ≪인연의 굴레 사랑의 고리≫ 세 작품집을 한꺼번에 상재한다. 충심으로 축하하며 저간의 노고에 대하여 다함없는 박수를 보낸다.

('07)

사위어가는 나의 듣기

마침내 돋보기를 썼을 때, 와락 펼쳐지던 새 세상의 놀라움을 나는 지금도 잊지 않고 있다. 사반세기 전쯤의 일이다. 언젠가 아내와 더불어 TV 볼륨을 두고 "집 떠나가겠어요!" "쓰나미(津波: 해일)라도 몰려온대요?" 하고 티격태격한 일이 있었다. 나는 어엿한 가장으로서 '집을 떠내려가게' 방치할 수는 없는 일이어서 '돋보기의 놀라움' 같은 '돋듣기'를 마련하기로 했다.

의사는 웃으면서 돋듣기가 아니라 보청기라고 했다. 그게 그것 아니냐고 잘난 척하려다 짐짓 참았다. 의사는 검진서류를 주면서 이를 공급할 '○○보청기' 가게를 알려주었다. 그리고 덧붙였다. 이 보청기는 자동차로 치자면 '현대차와 같은 것'이라고.

듣기가 사위어지면서 내 음감音感 코드와 맞지 않는 목소리가 날로 늘어났다. 무슨 말인지 헷갈리고 엉뚱하게 들려, 동문서답東問西答이 저절로 춤을 추었다. 음악도 '열린 음악회'는 그런대로 들을 만했지만 '가요무대'는 차마 들을 수가 없었다. 찢겨진 반주소리만 요란하고 가수들의 목소리는 '앵앵앵' 하다가 묻히기 일쑤였다. 참, 변덕도 가지가지였다.

마침내 돋듣기를 왼쪽 귓속에 끼웠다. 아니, 감추었다. 와락 쏟아지는 소리가 뜻밖에 천지만물의 소리를 다 모은 것 같은 잡소리였다. 이건 놀라움을 넘어선 일종의 전율이었다. 가요무대가 들려주었던 그 지저분한 화음의 확대재생산이라고나 할까. 물장난하던 시절이 겹쳐졌다. 그때 또래들은 귀에 물총을 맞게 되면 으레 반반한 작은 돌을 귓불에 대고 고개를 옆으로 젖힌 채 제자리뜀질을 한참씩 했다. 이윽고 돌을 떼어내면 삽시간에 바람소린지 햇볕소린지 알 수 없는 '쏴~' 하는 드센 음향이 몰려들었다. 코를 쥐고 아랫배에 힘을 주면서 숨을 내뱉어야 '둑' 하고 정상이 되었다. 그 '쏴~' 소리가 바로 돋듣기 소리와 맥을 같이한 것으로 여겨졌다. 의사의 말대로 돋듣기보다는 보청기란 말이 그 기능에 걸맞은 말이었다.

어려서도 나는 한동안 듣기에 이상이 있었다. 어쩌면 그것이 오늘을 부른 먼 요인이었는지도 모른다.

학교 가기 전의 일이다. 박씨의원을 찾아야 한다는 할아버지를 따라 북문통 거리를 샅샅이 누빈 적이 있었다. 당시 나는 느닷없이 말이 잘 들리지 않아 온 집안의 걱정거리였다 한다. 할아버지가 용하다는 '문둥이 사주'를 찾아 여수까지 다녀오셔야 했다. 그 처방이 야릇하게도 '북문통 박의원을 찾으라.'는 것이었다. 어렵사리 박 의원을 찾았다. 이사한 지 얼마 안 됐다는 한 오두막의 문간방에서다. 그는 내 팔목을 한창 진맥한 후, 말없이 일어나서 천장에 매달린 종이봉지에서 매미허물 세 개를 꺼내주었다. 돌아가서 땅강아지와 가재를 각각 세 마리씩 잡아 그 매미허물과 함께 참기름에 달여 식힌 다음 그 기름을 귀에 부으라고 했다. 의원은 매미허물 값도 받지 않고 걱정 말라고 위로까지 해주었다. 신통하게도 그 기름은 내 농聾을 말끔히 가시게 하는 신약神藥이었다. '꿩 잡는 게 매'라고 했던가. 이 희한한 사실 앞에, 나는 환자에겐 병을 낫게 해주는 게 최상의 약이라는 신념을 갖게 되었다. 양방이네 한방이네 하고 다툼질하는 곳엔 그래서 아예 끼어들지 않는다. 땅강아지와 가재는 막힌 곳을 터주고 매미허물은 소리를 울려주는 약효라고 했다. 내 이를 어찌 증언하지 않을 수 있으랴.

어떻든 내게 세상 소리를 한꺼번에 다 들려주고 싶었던 욕심쟁이 보청기는 어느 날 훌쩍 내 곁을 떠났다. 소나기가 들쭉날쭉 드세기에 생생한 그 소리를 들어본답시고 여기저기 다니며 그걸 끼웠다 뺐다 부산을 떨었다. 분명히 잘 간수했는데 어찌된 일인지 행방이 묘연해진 것이다. 아마도 내 두

덜대는 소리가 싫어 빗소리와 눈을 맞춘 것이 아닌가 싶었다.

더욱 멍해진 나날이었다. 피식 웃음이 나왔다. 그 '멍'이 꼭 '농聾'과 '몽蒙'에서 소리도 내용도 비롯된 것처럼 느껴져서다. '농'이면 밝히고 '몽'이면 열어야 할 '멍'이 아닌가. 다시 돋보기처럼 선명한 보청기를 찾기로 했다.

마침내 '현대차 같은' 보청기가 아닌, 외제인 '세계 최대의 보청기 전문회사인 GN ReSound 회사가 개발한 Canta'를 고르게 됐다. 더구나 두 귀에 다 끼웠다. 값이 만만찮아 머리통까지 무거워진 듯했다. 성능은 한결 나았다. 그래도 돋보기 같진 않았다. 오래 끼면 귓속이 습해지는 따위, 조심할 것이 한두 가지가 아니었다.

세월과 더불어 모든 것은 다 사위어가게 마련이다. 어느 부분이 먼저냐의 차이일 뿐. 밖의 소리가 잘 안 들리니 그만큼 말은 뜸해지고 안에서 나는 소리는 한결 깊게 들렸다. 그럴 때마다 나는 또 피식피식 웃었다. 그것이야말로 '억지 춘향'이지만 오래전 50대에 알았어야 할 지천명知天命의 증표 같아서다. 나는 결국 그런 심정에서 '사위어가는 나의 듣기'를 그렁저렁 다독거릴 수밖에 없다.

참! 문제의 그 신약을 다시 한 번 마련해볼까 하는 생각이 없지 않다.

('08)

산하를 거울삼아
– 박재문 선생의 삶과 글쓰기

박재문 선생의 법정퇴임을 훈훈한 마음으로 맞는다. 고르지 못한 그 긴 세월을 큰 흠 없이 꾸려냈기 때문이다. 그것은 박 선생의 성실성에 행운까지 겹친 이중주의 화음일시 분명하다.

사람들은 대체로 휘뚜루마뚜루 살아가게 마련이다. 외식을 하고 차를 마시며 영화를 보고 연주를 듣고 노래도 부른다. 어울려 바다를 찾고 산을 오르며 여행도 즐긴다. 그렇게 노상 빼곡한 일정들을 부산하게 산다. 박 선생도 언뜻 보면 그런 일상을 비교적 착실히 살고 있는 사람이다. 그러나 눈여겨보면 그의 삶 속엔 그만의 독특한 성찰이 켜켜이 도사리고 있다.

기름진 식탁이, 안락의자에서 즐기는 무릇 예술이, 시공時空을 무릅쓰고 탐방하는 지구촌의 그 산하와 유적들이 과연 무엇인가? 내게 무슨 의미가 있고 무엇을 안겨주는가? '친구 따라 강남 가는' 식으로 남이 가니까 그냥 나도 가고, 한 번이라도 한 곳이라도 이를 더 보태기 위하여 매번 땀을 뻘뻘 흘린다면 그게 무엇인가? 또 무슨 의미가 있는 것인가?

박 선생은 이런 천착에 부대낄 때마다 무엇인가 그만의 보람된 일을 조용히 실천했다. 나는 박 선생과 두 번이나 같은 학교에서 겸상兼床을 받으면서, 그의 이 같은 희한한 정성을 보았다. 학교가 요청한 것도 누가 권한 것도 아닌데 봄이 풀리면 학교 구석구석에 널브러져 있는 크고 작은 화분들을 교사校舍 뒤곁으로 모아 국화를 심었다. 약속된 시간에 어김없이 물을 주고 하늘을 우러러 가리개를 펴기도 하고 접기도 했다. 빗줄기가 세찰 땐 상처날까봐, 장마가 짓궂을 땐 포식할까봐 화분들을 재빨리 비닐막에 대피시켰다. 그리하여 창랑滄浪의 여름을 다독거려 무서리가 부옇게 내릴 때면 온 학교의 가을을 황금빛 찬란한 향훈과 꽃으로 무르익게 했다. 이야말로 교육의 창조적 과정을 구현하는 그만의 실존적 참여가 아닌가!

이런 일들은 또 있다. 요즘은 어떤지 모르지만 당시는 학교교육의 모든 권한이 학교장에게 귀일되어 있었다. 실제는 교감이나 교사들에게 상당 부분이 위임된 상태였지만 그게 문서화되지 않은 탓으로 자의적인 해석에 따른 분란이 심심찮게 일었다. 그는 '학교장 권한 위임 전결에 관한 사항'을 내규로 제정 공포 시행하는데 주도적 역할을 했다. 그때까지도 카키색 정권이 강요했던, 교사들의 '방학 중 근무 조 편성 시행'이 관행으로 이어지고 있었다. 공교롭게도 그게 그가 전결권을 행사해야 할 수임사항 중의 하나였다. 그는 지체 없이 근무 조를 조직 발표했다. 그리고 사정이 있는 사람은 언제든지 연락하면 쾌히 대직을 해주겠다고 선언했다. 미안해할까봐 자기는 국화 때문에 날마다 학교에 나와야 하니 아무것도 괘념치 말라고 웃었다. 숙연한 함묵이 흐를 수밖에. 그밖에도 서무식구들이 하는 정원수 전정, 보도 보수, 철 담장 도색 등 그런 잡역에도 주인처럼 새참까지 사면서 끼어들곤 했다. 이 얼마나 값진 주인의식의 현현인가! 확인해보진 못했지만 재택근무 수당까지 꼬물꼬물 다 요구하는 현실이 사실이라면 참으로 격세지감隔世之感을 어찌할 수 없는 삭막한 사태다.

박재문 선생의 글쓰기도 근무 자세나 다를 것이 없다. 교사들은 수업하는 것 외에는 거의 승진 쪽에 눈길을 모으고 있다. 그러나 박 선생은 그 흐름에서 빠져나와 독자적인 창조적 교육을 말없이 구현했다. 방과 후나 휴일엔 어울려 산하를 탐방한다. 근육질의 단련이나 심폐기능의 활력을 위해, 기를 쓰고 달려드는 열혈파 측에 그도 기꺼이 낀다. 그들의 땀값이 어떤 것이든 그냥 묵시적으로 수용하면서 그들을 다독거린다. 그러면서도 그는 그 대세에서는 빠져나와 부딪히는 순간순간을 반문反問으로, 소묘로, 이미지 이끌기로, 의미부여 등으로 여러 갈래의 메모를 한다. 그의 글쓰기는 바로 그 메모의 일상화다. 글 쓰는 사람은 또 너나없이 문단 쪽으로 귀를 기울이게 마련인데 박 선생은 그쪽을 거들떠보지도 않은 채, 자기 느낌과 생각을 혈서처럼 진솔하게 쓰고 있다. 산하를 거울삼아 속기에 젖은 심혼을 퇴고하듯 정화하며 이를 글로 옮기고 있다. 이에 무엇을 더 바라랴.

박재문 선생은 세상의 대세에 휘뚜루마뚜루 끼면서도 그 대세에 결코 매몰되지 않고 고비 고비 빠져나와 자신을 바로 세워 조용히 앞을 바라보고 걷는 흔치 않은 우리들의 정다운 사표다.

후배들이 그런 정을 모아 귀한 책자를 상재했으니 그 또한 흐뭇하고 기쁜 일이 아닐 수 없다.

박재문 선생, 부라보!

('07)

산이 감싸고 나무가 가리는

은곡재隱谷齋! 소쿠리 안같이 안온하다. 주인은 대뜸 후원 쪽으로 날 이끈다. 와상이 거기 있다. 소신껏 큰 대大자로 누워보란다. 얼떨결에 기지개를 펴며 눈을 감았다 뜬다. 하늘빛이 높이 뻗은 나뭇가지의 이파리들 사이를 가볍게 흔들며 새어든다. 아무런 설명이 없다. 나는 잠시 숨을 고르다가 화들짝 일어난다. 피식 서로 웃는다. 별난 의례儀禮 같기도 하다.

은곡재는 백년하고도 또 반백년을 더한 옛집을 다시 손본 것이다. 산과 나무 빛깔이 제대로 어울린 자연이기도 하다. 주인의 작품인 '40P 유화'를 봐도 그런 정경이 완연하다. 안쪽 산자락을 따라 새 건물이 하나 들어서 있다. 시류時流를 뽐내지 않은 색조가 고개를 끄덕이게 한다. 그러나 얼핏 보인 창 안은 대학의 한 자락을 떠다놓은 것 같다.

퇴나 처마 밑엔 밖에서 필요한 연장이나 기구들이 무더기 무더기다. 어디에 쓸 건지 알 수 없는 작대기들이 수북이 세워진 곳도 있다. 대체로 잡답하게 모인 상태다. 그러나 널브러진 쓰레기나 그걸 담은 통 같은 것은 아예 보이지 않는다.

마당 끝이 서너 단 낮은 두 논배미와 이어진다. 그 공간이 화룡점정畵龍點睛 같다. 가로세로 줄을 맞춘 볏모들이 파릇파릇 굳건하다. 그런 아름다움을 지주인들 어찌 공으로 볼 수 있으랴. 그 값으로 그 소출은 다 지은이에게 드리고 있다는 주인의 설명이다. 우리는 금방 어느 시인의 "왜 사냐면/ 웃지요"와 같은 미소를 나눈다.

논 가양에선 찬물이 나는 듯. 이를 막고 나선 갈개가 여운처럼 물길을 돌리고 있다. 그 물이 돌면서 찬기운이 가셔야 볏논의 생명수가 된다. 이를 가만가만 논으로 들게 했던 옛 어른들, 그 지혜가 새삼 옷깃을 여미게 한다.

논다랑이 너머는 마당이 왼쪽으로 돌아든 넓죽한 아랫마당이다. 아니, 정자가 있는 숲이다. 오르기는 원두막처럼 사다리를 타지만 쉬기도 좋고 공상 망상 추상 따위, 상(想)자 돌림의 친구들과 얘기하기도 편할 듯하다. 한밤이면 무섭지 않을까…, 불현듯 그런 생각이 든다.

갈 땐 두렁길을 건잔다. 내리막을 막 들어서는데 풀밭 사이를 헤치고 나온 작은 이물異物이 눈에 띈다. 주춤거리는 내 시선을 의식한 듯 주인이 옛얘기하듯 '언젠가 별이 떨어진 것'이라 한다. 칠흑의 밤엔 생명의 등대가 되겠다는 나의 화답에 주인이 덥석 손을 잡는다. 핫하하. 두렁의 논둑이 걷기 좋게 굳어있다. 몇 걸음 안 되는 길이지만 '징게맹게金堤萬頃 넓은 뜰'을 걷는 셈 치자며 또 한번 주인이 손을 잡는다.

옹달샘을 발견하여 웅덩이까지 개발했다는 후원 산자락의 거목 밑에 선다. 얼른 눈에 띄지 않는 곳이다. 주인은 여기서 삼림욕森林浴 정수욕淨水浴 풍욕風浴 등으로 심욕心浴의 경지에 이른다고 한다. 도승이 따로 없을 듯!

응접실에 마주앉는다. 길게 터진 후원이 한눈에 든다. 주인이 잠깐 자리를 뜬 사이 나는 주변을 일별한다. 낮고 좁은 옛날 방들이지만 그런대로 개수改修가 무던하다. 전통적인 다용성은 그대로 이어져 있다. 혼자일 땐 서두를 일 없이 거실 휴게실 독서실 음악감상실 등으로 다채롭게 변용할 기기와 자료들이 촘촘하다. 이내 차가 나오고 음악이 터진다. 주인이 고개를 끄덕이며 밖을 본다. 나도 그대로 흉내를 낸다.

연구실은 문만 살짝 열어 보인다. 벽면이 다 서가다. 얼른 접근할 수 없는 묘한 아니, 중후한 냄새가 풍긴다.

주방은 퇴를 개축한 듯하다. 제 살림도 비좁은 형편인데 책상이 하나 점령군처럼 당당하다. 카세트도 보인 것 같다.

주인은 웃으며 추울 때 뭉그적대긴 여기가 최고라고 한다. 고개를 끄덕이며 나도 웃는다.

새 건물은 의도적인 건물답게 출입문부터 훤칠하다. 메인 테이블 양편으로 길게 놓인 탁자 앞에 잠시 앉아보고 싶기도 하다. 창가에는 차도 마시고 담소도 할 수 있는 소파들이 있다. 주인이 소속한 학회의 각종 모임이나 지도중인 대학원생들의 연찬을 이따금 여기서 연다고 한다. 그들도 심기일전의 좋은 기회가 될 것 같다. 창문을 여니 저만치 떨어진 앞마당의 정자가 반갑게 달려온다. 밤이었다면 그 별과의 소통이 환상적이었을 텐데…….

음악이 폭발한다. 주인이 그 폭음 속에서 "모임을 마치고 여기 와 앉으면 우리가 음악을 듣는 것인지 음악이 우리 모임을 강평하는 것인지 아리송해질 때가 있다."라고 한다. 참 아리송한 경지의 얘기다.

하긴 나도 언젠가 자연의 소리 속에서 음계音階라는 걸 처음 이끌어낸 사람이 철학자라는 얘길 들은바 있다. 주인이 바로 그 후예니 그런 소통의 인자를 받지 않았나 싶다. 주인이 음악을 좋아하는 건 그러므로 단순한 취향이라기보다는 원초적인 그 자연의 소리에 대한 보답의 뜻도 있으리라는 아리송한 생각을 해본다.

다시 응접실. 막걸리를 주고받는다. 투박한 보시기 잔이 분위기를 돋운다. 아무래도 내 물음이 어설프고 시답잖은 탓일 터이지만 주인의 답이 갈수록 답 같지 않다. 간추린 정답이 아니라 또 하나의 기묘한 되물음이다. 이윽고 막걸리가 묻고 우리가 답하는 것 같은 희한한 요지경에 이른다. 주인이 분위기를 바꾸잔다.

후원의 와상이다. 대답 아닌 물음들이 담배연기처럼 감겨 오른다. 어쩌다 그 말이 맞아떨어지면 먼저 술잔이 치솟고 툭 부딪치고 악수가 뒤따른다. 높게 뻗은 나뭇가지 사이로 눈부신 벽공이 이를 엿본 듯 이파리들을 흔들어댄다. 절묘한 소통이다.

가야겠다고 내가 선뜻 일어선다. 주인의 손짓이 재빠르다. 나는 지체 없이 주반酒盤을 내려놓고 소신껏 큰 대자로 눕는다. 하늘을 깊게 빨아들이고 내뱉기 십여 회! 나는 이 의미를 얼른 정리하지 못한다. 가만히 일어선다. 주인이 힘껏 안아준다. 범상한 힘이 아니다. 휴!

은곡재 주인은 늘 감싸주고 가려준 산과 나무와 하나가 되어 생각을 뒤척이고 책 읽고 글 쓰고 그림 그리고 음악을 탄다. 명증과 서정의 균형을 다함없이 모색하여 마지않는다.

('09)

4부

나

저마다 이름을 두고 왜 사람들은 나니 너니 하는 대명사를 쓰고 있는 것일까? 나를 앞세워 얘기를 하다보면 '나'라는 정체가 어디에 있는지 아리송해진다. 다른 사람과 마주 앉으면 나와 너라는 말이 빈번히 오고간다. 그때 '나'는 또 어디에 있으며 그게 어떤 소통인지 꺄우뚱해진다. 이름으로 말문을 열면 내가 바로 철수나 바둑이처럼 그가 되어버린다. 그때 '나'는 또 어디에 어떻게 있으며 무슨 역할을 해야 하는지 애매해진다. 생각하면 이 모든 게 다 문법의 틀 때문이 아닌가 싶다.

그 문법으로 나는, 내가 철수나 바둑이를 얘기하듯 '나'를 쉽게 단정할 수가 없다. 나, 너, 그 사이에 도사리고 있는 숱한 질서들을 어떻게 바르게 찾아 이어야 할지 안개 속이다.
마냥 밀리면서도 나는 노상 푸른 하늘만을 우러른다.

('08)

이름 맛

자형姊兄을 따라갔었다. 으레 자장면이거니 했는데 뜻밖에 황갈색 국물에 면발이 보기 좋게 똬리 튼 낯선 음식이었다. 졸망졸망 씹히는 해물들이 구수했다. 다시 그 집을 찾아가 자형의 이름을 대면서 그걸 주문하는 과정에 그 이름이 짬뽕인 것을 알았다. 식당마다 그 맛이 조금씩 달랐다. 어떤 집에선 얼얼하게 맵기만 했다. 문득 짬뽕을 먹는 게 아니라 그 이름을 씹고 있는 것 같은 묘한 생각이 들었다. '이 름 맛?!' 그런 맛도 있던가? 일본사람들은 '썩어도 돔'이란 말을 자주 쓰긴 하지만.

어찌 보면 산다는 게 명색만의 것들에 알게 모르게 길들여지는 일인지도 모른다. 명색만의 감투에 머리를 싸맨 사람이야 저 좋아하는 짓이지만, 짬뽕이야 그 '이름 씹기'로 자양이 되겠는가? 그에 걸맞은 숙성의 맛이 우러나야지.

('08)

소통의 지평을 열다

– 《수필과비평》 100호 출간에 부쳐

《수필과비평》!

깔끔한 제호다. 아무런 수식이나 제약이 없는 상큼한 이름이다. 그런 인상의 《수필과비평》이 지령誌齡 100호를 맞는다. 먼저 뜨거운 박수를 보낸다.

100이란 숫자는 범상한 숫자가 아니다. 숫자가 만들어낼 수 있는 무궁무진한 세계의 탄탄한 바탕이다. 십진법의 질서가 가로세로로 정연하게 도사린 약진을 시현하는 숫자이다. 《수필과비평》이 바로 그 출발선상에 서게 된 것이다.

《수필과비평》엔 유수한 작가들이 줄곧 주목할 만한 작품들을 발표하고 있다. 계간季刊으로 출발한 공급이 수요의 증대로 격월간隔月刊이 되면서 독자층도 그만큼 활기를 더하고 있다. 고급문화 향수享受의 상서로운 맥락이다.

≪수필과비평≫은 촉망되는 후진들의 문단 데뷔와 기성작가들의 우수작품에 대한 포상 증정으로 문단 분위기 고양에도 기여한 바 크다.

작가의 글쓰기와 독자의 글 읽기는 어차피 작품을 사이에 둔 같은 행위일지 모른다. 언어가 사유의 수단이 아니라 인간의 본질을 규정하고 지배하는 독립적인 질서라고 보는 이들이 있기 때문이다. 이런 문제의 천착을 비평 쪽에서 잡아준다면 ≪수필과비평≫은 더욱 격조 높은 지령 200호를 맞이하게 될 것이다.

부라보, ≪수필과비평≫!

('09)

숫자놀이, 그리고 덧거리

"내 나머지 세월은 덧거리 삶이야!"

느닷없는 그의 선언이다. 퇴임 후 '강산이 한 번쯤은 변할', 짧지 않는 세월을 별말 없이 지내던 그가 대오각성大悟覺醒이나 한 것처럼 잔잔히 토해낸 말이다.

현역시절, 그는 직무에 대한 감각이나 처리가 깔끔해서 늘 주변의 환심을 샀다. 몇 순배巡杯 즐기는 자리에도 마냥 수더분했다. 그런 자리에서 신상문제가 논의돼도 '학생이 늙으면 선생 되고, 선생이 늙으면 교장 되는 것' 아니냐며 웃기 일쑤였다. 그런 탓인지 그의 승진은 좀 늦은 편이었다. 그러나 퇴임할 땐 도내의 대표적인 고교에 있었으니 선생으로선 '제대로 늙은', 그야말로 '최후에 웃는 자'가 된 셈이다.

그는 신참시절, 촌 학교를 순례하듯 했다. 선참동료들로부터 "교장은 꼭 한번 해봐야지." "교장하다 퇴임하면 고대 죽어도 한은 없을 거라." 하는 따위, 공연히 거북스런, 그런 말들을 심심찮게 들었다. 그 때마다 그는 턱없이 목소리를 높여 수업하는 반작용을 앓곤 했다.

숫자놀이, 그건 그에게 진지한 재미였다. 아니, 거창한 진리였다. 숫자 하나하나의 독립성은 물론, 그 이합집산이 만들어내는 무궁무진한 질서가 이 세상 모든 것이 다 그 속에서 나오는 것으로 믿게 했다. 시간이나 공간의 문제야 의당 그의 중심과제라 하겠지만 자연의 소리에 음계의 틀을 세워, 그 소리들로 아름다운 선율을 창조케 했으니, 그런 세계야말로 날로 '새로운 전율'이 아닐 수 없었다. 그는 말하자면 그런 숫자놀이의 충직한 신도信徒였다.

어느 날, 느닷없이 ≪중용中庸≫을 숫자로 친다면 '5'가 아닐까 하는 생각을 했다. 십진법상 한가운데 있으면서, 좌우 어느 숫자에도 치우치는 일이 없는 균형을 누리고 있어서다. 삶의 자세도 마냥 그래야 더불어 사는 매듭이 단단할 것으로 여겨졌다.

그러나 움칠했다. 당시는 좌든 우든 하나여야지, 이도저도 아니거나 이도저도 다 좋거나 한 중간자는 아예 발 붙일 곳이 없었기 때문이다. 비록 ≪중용≫이 좋은 사상이라 할지라도 그런 신조信條 앞에선 양다리 걸치기의 둔사遁辭 이외에 아무것도 아닌 것으로 몰렸기 때문이다.

≪중용≫은 내밀하게 가꿀 자양이었다. 그리하여 그는 그런 '5의 사상'을 전래의 버릇대로 '삼세번'을 조용히 생각해 보았다. '15의 사상'이 되었다. 다시 5의 사상으로 곱해보니 '75의 사상'이 되는 것 아닌가. 사상의 숫자놀이? 웃음이 저절로 터졌다. 지레 죽을 일 같기도 해서 그냥 웃고 넘기기로 했다.

그럼에도 불구하고, 어찌된 일인지 그 '75'란 숫자가 쫄쫄이처럼 그를 따라다녔다. 화제가 퍼센티지 문제와 연관된 어느 모임에서 엉뚱하게도 '75프로'란 말이 번개처럼 스쳐갔다. 100에 대한 75라? 그래도 그건 착실한 과반過半이 아닌가! 그로선 그게 바람직한 수준으로 여겨졌다. 생각하면 같은 숫자인데도 도량형度量衡의 특성이나 그 기기에 따라 질량이 달라지듯, 사람에게 있어서도 같은 일인데도 그 사람의 사고나 도량에 따라 결말이 달라지니, 이 같은 연관이야말로 정말 놀라운 일이 아닐 수 없었다.

그는 수업부터 100프로 '정답'이 아니라 75프로 수준의 '방법론'을 가르쳤다. 나머지는 스스로 해결하게 했다. 사는 문제도 '퇴임하고 고대 죽는 교장'보다는 그런 것과는 무관하게 그냥 '고래희古來稀의 연륜'에 들어, 그 중용의 해를 맞아 죽는 것이 훨씬 값질 것이란 생각을 했다. 늦깎이로 촌학교 교장이 되어 자취를 했다. 원하는 최종의 해를 잘 맞이하기 위해 쌀을 씻을 때도 반드시 75번을 문지르는 정성을 쏟았다.

이러구러 '여한 없는 법정퇴임'을 했다. 사회적응의 일환으로 숫자놀이가 만든 음계로 부지런히 기타에 선율을 태우고, 노래방에도 자주 들러 100점짜리 가수로, 영광에 넘친 데뷔를 수도 없이 했다. 골프채를 메고 인도어에 나가 손바닥이 부르트고 갈빗대가 나갈 만큼 힘찬 포물선을 그려댔다. 그러다보니 어느새 목표년도의 고갯마루에 올라 있었다.

덧거리는 한마디로 자유에 처단된 삶이다. 계획이 따로 있을 수 없다. 시도 때도 없이 밀려드는 현실상황에 오직 선택을 누리는 일뿐이다. 한 순배 돌자 그의 입이 부드럽게 열린다. "여기, 쐬주가 말이 되나? 최소한 100세주는 돼야지!" 현역 시절 빈번히 호주머니에 SOS를 쳤던 목마름이 그윽하게 배어있는 말이다. 주기酒氣를 타고 다시 "이제, 예쁜 여자들을 만나면 지체 없이 예쁘다고 찬양하고, 아무데서나 소리 지르고 꽁초 버린 녀석들을 만나면 입이 돌아가는 수난을 겪을지라도 아니라고 말할 거야." "와-." 하고 박수가 터진다.

"한마디 더 할게. 누가 양다리 걸친 기회주의자라고 몰아붙여도 나름대로 내밀하게 가꾼 그 자양에 비추어 옳다고 생각되면 어떤 것이든 과감히 주장할 거야. 빤한 힘에 밀려 이리저리 쏠리는 짓, 이젠 졸업해야 하지 않아? 너무 거창한가?" 그는 덧거리를 이런 식으로 웃으며 간추린다.

"셈은 내가 할게. 덧거리값이야. 자주 치를까 해." 그는 벌떡 일어나 계산대를 거쳐 다시 되돌아보며 손을 흔들고 표표히 사라진다.

이 글은 외우 ㄱ교장에 대한 내 어설픈 소묘다. 정표로 그에게 보낼 작정이다.

('08)

신바람, 북새통

비록 하찮은 것일지라도 많은 사람들로부터 이를 인정認定받게 되면 그것은 신나는 일이다. 이미 한 일이든 지금 하고 있는 일이든 앞으로 할 일이든 따질 것 없이 그것들은 어설픈 물질과는 바꿀 수 없는 귀한 신바람이다.

그 기본은 각급 학교의 상장이나 졸업장, 학위기學位記 등일 것이다. 국가기관이나 자치단체 또는 특정법인들이 부여하는 여러 기능장 · 자격증 · 면허증 · 특허증 등의 취득과 각종 고시합격에 따른 취업이 현실적으로는 가장 견고한 인정이 되고 있다. 요즘은 벤처기업이나 조촐한 가게 운영자들에게도 그 인정이 쏠쏠하게 퍼지고 있다. 하이라이트는 아무래도 선거를 통한 선량에 대한 국민적 인정일 것이다.

크고 작은 신바람 앞엔 언제나 그에 버금한 북새통이 드높게 마련이다. 기를 쓰고 앞서려는 의욕들이 치열하다. 백만 인의 백만 인에 대한 투쟁 같다. 제치고 일어서야 하고 이겨서 내달아야 한다. 첫째가 아니면 최소한 그 축에는 끼어들어야 한다. 이게 선량급에 이르면 더욱 처절하다. 서로 힘을 합하자는 분위기는 아예 눈에 띄지 않는다. 그런 가운데 부정한 방법으로 자격을 얻거나 조작된 내용을 행사하거나 하는 독버섯들이 하나도 열도 아니게 피어나고 있다. 그래도 조금 위안이 된다면 고개 숙인 낙방거자落榜擧子들이 조용히 다음을 다지고 있는 점이라 할까. 이 양자의 관계를 함수적 시각視角에서 상상해보면 저절로 웃음이 나온다.

"테이블을 '쾅' 치니 '억' 하고 고개를 떨어트렸다."

권위주의 시절, 한 경찰 고위직의 발언이다. 그는 고비마다 신바람을 타고 북새통을 잘 추슬러 승승장구한 사람이다. 하부 실무자가 반정권 데모에 참여한 학생을 심문하다가 치사케 한 일이 생겼다. 그 정황의 발표가 바로 이 '쾅'과 '억'의 연계다. 직접 그렇게 보고를 받은 것인지, 얼떨결에 그런 말이 쏟아진 것인지는 알 수 없지만 어리둥절할 표현이긴 했다.

쉬쉬 하면서도 그땐 그게 '쉽게 저승에 갈 수 있는' 어떤 코미디 대사 같은 역설逆說로 많은 사람들의 입에 오르내렸었다. 이제 다시 이를 음미해보면 그 두 의성어擬聲語의 원용은 당시의 사회구조를 시적으로 응축한 묘한 뉘앙스를 느끼게 한다. 강약고저의 함수관계를 생각하면 엄청난 예술이 풀려질 것도 같다. 고위직다운 함축적인 표현이라면 망발이 될까.

무릇 힘의 추錘는 오락가락하는 것. 가는 세월 따라 그들의 이야기도 그들이 영어의 몸이 됐다는 보도를 끝으로 조용히 역사의 뒤안길에 묻히는가 싶었다. 그리고 얼마나한 세월이 흘렀을까. 뜻밖에 예의 그 실무자에 대한 기사를 접하게 되었다.

"아니, 이럴 수가?!"

그가 누군가? 한마디로 그는 '심문기술자'였다. 민주투쟁에 앞장섰던 ㄱ이 그의 손을 거치면서 세상에 알려진, 당시 상부의 신임이 돈독했던 사람이다. 말썽 많은 정권비판자들을 모조리 도장 찍듯 정권의 틀에 맞춰대는 탁월한 전문가였다. 그의 손에 걸리면 왕년에 주먹깨나 쓰고 원도 한도 없이 맞을 만큼 맞아봤다는 굴강한 근육질도 마침내 자기 숨소리 외엔 손가락 끝 하나 꼼작할 수도 없는 혼수상태에 빠지게 되었다 한다. 그의 시나리오대로 조서가 그야말로 꾸며지고 또 하나 도장이 찍혀질 수밖에.

이 같은 그가 교도기간이 얼마나 길었는지 알 수 없지만, 그 후 어디서 무엇을 어떻게 했기에 그 이름도 범접키 어려운 목사가 될 수 있었단 말인가!?

눈을 비비고 다시 보아도 틀림없는 기사였다. 나는 하나님의 그 넓고 높은 사랑이 어질어질했다. 우리가 개미들의 싸움이나 이동을 무심히 바라보듯 하나님도 우리가 하는 짓을 미물 인간의 짓으로 그냥 그렇게 바라보시는 것일까. 아니면 그 같은 회개를 다함없는 축복 속에 말없이 끌어안은 것일까.

누가 그에게 무엇을 얼마나 인정해 주어서 그런 신바람이 나고 그 앞에 또 누가 얼마나 북새통을 피웠는지 헤아릴 길이 없다. 소인배다운 내 뇌리를 감도는 건 그가 전 정권에 삐끗한 사람들을 그 정권의 틀에 맞추어댔듯 이번엔 많은 사람들을 성경의 틀에 맞추려고 하지 않을까, 그런 주제넘은 걱정이다.

그도 그럴 것이 일본에서 독도를 자기네 땅이라고 눈 딱 뜨고 우기는 사람들은 거의가 군국주의 침략자들의 후예들이고 이 땅에서도 과거사만 들먹이면 경제가 어려운 이때 그런 건 왜 따지느냐고 핏대를 올리는 사람들 역시 친일파 자손들이 많음을 볼 때 사람의 의식이란 얼른 그렇게 바꾸어지는 게 아닌 것 같아서 말이다.

신바람, 북새통도 그 내용이 보편적인 공통분모 위에 서는 함수관계여야 옳지 않을까.

('08)

쓰시마에서의 촌감

여정 날씨, 그리고

'08년 4월 4일부터 쓰시마對馬 유람 2박 3일! 쾌청한 아침햇살에 바람결이 살갑다. 부산항 국제여객터미널은 공항의 한 자락을 옮겨다놓은 듯, 정연한 일손들이 잽싸다. 디플라워 선실 지정석에 앉는다. 가까이는 윤나는 뱃길이 미끄러지듯 흔들리고 멀리는 그림 같은 바다가 가물가물하다. 날씨는 내내 맑을 듯.

점심때쯤, 히타카쓰比田勝 항 도착. 시골 부두가 역력하다. 지지하게 선창船艙을 빠져나온 선객들이 절차를 밟아야 할 건물까지 장사진을 이룬다. 10분도 좋고 20분도 좋다. 도통 움직일 줄을 모른다. 까맣게 탄 한 촌로村老가 "빨리 합시다." 하고 몇 번인가 외쳐댄다. 그는 아마도 일제日帝가 자행한 조센징(朝鮮人:한국인을 경멸조로 부른 말)에 대한 거역감정을 새삼 어찌하지 못하는 듯하다. 종사자들은 구렁이처럼 느리면서도 두 집게손가락의 지문채취만은 착실히 하고 있다.

꾸불꾸불 험한 길

쓰시마는 우리 거제도보다 약간 큰 섬이다. 86프로가 산이다. 산간의 작은 분지와 해변의 평지와 매립지를 다 합해도 15프로가 안 되는, 거대한 산덩이다. 인구는 4만3천여 명. 중심지인 이즈하라嚴原엔 1만6천여 명의 인구가 산다. 그 밖의 사람들은 윗섬인 카미아가타上縣, 아랫섬인 시모아가타下縣의 6개의 쵸町에 뿔뿔이 흩어져 있다. 이 삶의 터전을 이어주는 육로가 구절양장九折羊腸이다. 포장된 S코스의 연속이다. 차선은 거의 2차선이거나 1차선이다.

차창에서 보면 위아래 정경이 판이하다. 위쪽은 아름드리 삼나무 밑동이 총총한 밀림이다. 으스스 귀기마저 감돈다. 잡목 하나 들어설 틈바구니가 없다. 용재목用材木 부국의 일단을 실감케 한다. 윗쪽으론 또, 산사태 예방책으로 길가에서 산봉우리까지 덮개를 씌운 거창한 방벽들을 본다. 무너져 내릴 것 같은 아슬아슬한 각도다. 거친 겉모습이 디자인 문젠지 검약 문젠지 아리송하다.

아랫쪽은 밀림의 윗부분이 벽처럼 막아서기도 하고, 한 단 내려서서 넓은 녹색 차일을 보여주기도 한다. 자적하는 구름 같기도 하다. 그 너머로 바다를 열기도 한다. 굽이돌 때마다 이런 정경을 동시에 본다는 것은 희한한 경험이 아닐 수 없다.

에보시다케 전망대에 올라

에보시다케烏帽子岳 전망대는 경이驚異 그 자체다. 굴곡 많은 리아스식 해안에 둘러싸인 크고 작은 섬들을 360도로 돌아가며 만끽할 수 있는 경이, 그 자체다. 아소우만은 육지의 침강에 의해 생성된 것이라 하지만, 내 눈엔 힘차게 내닫던 산맥이 홀연 큰 바다를 만나 박살이 나면서 만들어진 천혜의 걸작품으로 보인다.

우선 그 구도가 일품이다. 신묘하기 이를 데 없는 배치다. 섬이고 해안이고 모두 손에 잡힐 듯 가깝다. 짙은 녹색의 살결이 더없이 풍만하다. 바다와의 경계가 하나같이 깔끔하다. 자갈밭이나 모래밭 같은 군더더기 하나 없다. 그건 뿔뿔이 흩어진 섬들을 조심스레 들쭉날쭉 감싼 해안의 산하山河들이 무시로 이를 씻어준 때문일지도 모른다. 통영의 다도해가 정태적인 동양화라면 이곳은 역동적인 서양화의 파노라마다. 그림 그리는 친구와 작곡하는 친구가 이 공간과 시간을 XY좌표상에 올려본다면 그 진수에 접근하는 것이 될 것도 같다.

역사의 흔적들, 그리고

쓰시마의 북단, 가미쓰시마쵸上對馬町에는 '한국전망대'가 있다. 한국과 최단거리는 불과 49.5킬로, 쾌청할 땐 거제도나 부산이 아스라이 보이는 거리다. 근자엔 핸드폰이 터진다. 이곳에 온 한국 관광객들은 부산이 일본 본토보다 더 가깝다는 이유 하나만으로도 옛날엔 우리 땅이었다는 의식을 떨치지 못할 것이다. 나도 그 말미에 서본다.

'신라의 충신 박제상 순국비'를 보면서 착잡해진다. 박제상이 417년, 눌지왕의 명을 받아 선왕 때 볼모로 여기 와 있는 왕제王弟 미사흔을 무사히 고국으로 탈출시키고 자신은 죽음을 당했으니 그는 순국의 충신이다. 그렇지만 그 죽음을 준 그 땅에 순국비라니? 왜? 훨씬 후의 일이지만 667년, 신라의 진출을 막기 위해 축조한 카네타노키金田城 산성山城이 조선식 축조라는데, 왜 조선식이어야 했는지, 어설픈 의문이 꼬리에 꼬리를 문다.

고려문高麗門은 에도江戸시대(1607~1868)에 일본을 방문한 조선통신사의 행렬을 맞이하기 위해 만든, 옛 이즈하라嚴原의 성문이다. 주객이 전도된 이름 같아 까우뚱해진다. 조선통신사비의 건립은 임진왜란(1592~1597) 이후, 조선통신사 일행이나 사절단 등이 200년간 12회에 걸쳐 일본을 방문한 우호적 성과를 21세기의 지향점으로 삼고자 한 취지라는데, 왜 임진왜란에 대한 말은 한마디도 없는 것일까?

이씨왕조 소우케宗家결혼봉축기념비, 즉 덕혜옹주비 앞에선 명성황후 참사까지 떠올라 저절로 이가 악물리고, 조선역관사위령비朝鮮譯官使慰靈碑와 슈젠지修善寺의 최익현 선생 순국비 앞에선 건립한 한·일 양국 유지들의 의도가 어떤 것이었는지 헤아리게 된다.

역사의 여러 흔적들엔 일본의 평화지향적인 면면이 보인다. 그런데도 왜 얼른 수긍이 안 되는 것인지…….

순수한 우수리

아소우만 별장에서의 일탈은 순수한 우수리다. 간소簡少할 것으로 짐작했던 식단이 넉넉해서다. 숯불구이의 가리비가 한 식탁에 한 바구니씩이다. 반주飯酒가 당연히 주연酒宴으로 격상된다. 주량에 맞춰진 잔돌리기가 어느새 노래를 불러낸다. 모두가 가곡 아니면 동요다. ㅁ이 점잖게 일어나 "현역 때, 술 사면서 명곡 부른 사람에겐 발령을 내준 일이 없다."라며 뽕짝 메들리로 가락지게 취흥을 흔든다. 삽시간에 체면의 피막들이 벗겨진다. 누군가가 "그려, 돈 주고 배운 노래 못한 사람 있나? 어울릴 땐 어울려 배운 노래가 최고야!" 격려라도 하듯 대구만 한 도미회가 나온다. 바야흐로 술이 사람을 마시는 선경에 이른다. 드세진 주파酒波가 줄줄이 썰물이 된다.

별장에서의 두 번째 밤은 아쉬운 마지막 밤이다. 주류酒流들만 한방을 차지한다. ㅁ이 느닷없이 한국의 8대 명성名姓을 아느냐며 웃는다. 모두들 깜박깜박한다. 여러모로 박식한 ㄱ마저 적요寂寥한 표정이다. 득의만면得意滿面한 ㅁ은 농구실황 방송 속도로 문文, 어魚 · 전田, 복卜 · 명明, 태太 · 고高, 기奇"라며 으쓱한다. "다 생선이라 웰빙 식품으론 좋겠어." "전복이 문어보다 앞서야 하는 것 아냐?" "어림없는 소리, 문어가 전복을 잡아먹는, 외유내강의 표본인 걸 모르시는구먼." 폭소만발! 이런저런 사연들을 시새워 더 털어내고 가심 술까지 챙겨 마시고보니 너나 없이 '고자배기잠'(앉은 자리에서 그대로 자는 것)의 일탈에 빠져버린다.

한 · 일 해상 국경에서

출발 부두인 이즈하라 항은 히다가스 항보다는 좀 나은 편이다. 여전히 쾌청한 날씨에 바람결도 잔잔하다. 승객이 적어 자유롭게 앞자리를 차지하는 행운까지 겹친다. 1시간 15분의 향해 지점을 국경으로 짐작하면서 우정 일본을 되돌아본다.

일본! 탈 아시아의 국기國基를 세워, 구미제국주의를 무기로 대동아공영권을 이루겠다고 이웃나라들을 무참히 짓밟았던 얌체, 지금도 그 기조를 크게 벗어나지 못한 형편이니, 머쓱한 생각을 어찌할 수가 없다. 그래도 그냥 손을 몇 번 흔들어준다.

('08)

알다가도 모를 일

"알다가도 모를 것이 여자의 마음이야."

ㅈ의 담담한 목소리다. 억울해 하거나 미워하는 기색도 없다. 오랜만에 만난 퇴역 동기들의 '네 사연, 내 얘기'들이 바람결처럼 취기醉氣를 타는 분위기다.

ㅈ의 부인은 남편 말이라면 어김없이 "요즘은 ~." 하고 미주알고주알 토를 달았다. 걸핏하면 말머리를 가로채 '그것은 ~이다.'고 사뭇 전지적인 판단을 내렸다. 어느새 묵살默殺의 지혜까지 남김없이 구사했다. ㅈ가의 가권家權은 그런 태세로 자연스럽게 교체되었다. ㅈ은 검증 절차도 없이 전통적인 코드인사로 가장이 된 터라, 저간의 부실한 아마추어 경영을 참회하는 뜻에서도 새 가권의 가장을 적극 보필하기로 작심했다.

새 가장은 ㅈ의 건강 문제를 걱정하고 나섰다. 검진을 하자며 앞장서기에 따라가 보니 예상 밖의 한의원이었다. 까우뚱하면서도 ㅈ은 살 째고 뼈 맞추는 일이 아닌 바에 굳이 콧대 높은 양의를 찾을 까닭이 뭐냐며 가장의 실용주의를 조용히 찬탄했다. 의사는 "보약 좀 자시고 매일 규칙적으로 걸어라."라고 했다.

약이 왔다기에 당연히 탕제려니 했는데 그 또한 뜻밖에 건강원의 공국이었다. 이럴 수가?! 언젠가 거기서 나온 '×소주' 때문에 우울증을 앓았는데, 그걸 누구보다 잘 아는 가장이 이 무슨 실용주의적 처방일까. 그래도 그는 눈만 끔벅끔벅했다.

가권 초기의 그 순수한 의욕을 경망스럽게 오만과 독선이라고 발목을 잡을 수도 없는 일. ㅈ은 그냥 거두절미去頭截尾하고 정중히 "그대가 왕년에 내 아내인 건 맞느냐."라고 물었다. 가장은 서슴없이 '과거사는 따져 무얼 할 거냐.'는 투로 살짝 미간을 찌푸리며 당당하게 묵살해버렸다. 이 글의 서두는 바로 그런 정황의 표현이다.

"알다가도 모를 것은 여자의 마음뿐 아니라 남자의 마음도 똑같아."

마시다 둔 술을 꿀컥 털어넣고 ㅎ이 바통을 잇는다. 여성과 남성은 겉보기부터 다르지만 염색체도 다르고 호르몬도 다르지 않는가. 기이한 건 여성은 남성호르몬을, 남성은 여성호르몬을 각각 조금씩 만들고 있다는 점이지. 노경에 이르면 여성 쪽에 그게 활발해져서 부부간의 형평이 바꾸어진다는 것 아닌가. '알다가도 모를 일'은 바로 그게 그 시원始源일 거야.

"잠깐!" 누군가가 재빨리 끼어든다. "같이 늙어가는데 그 호르몬이 왜 여성에게만 늘어나?" "신이 여성을 얼마나 좋아하는데…." "하하하!" "그건 아니지. 젊어서 남성들이 멋대로 살았으니 바꾸어 주신 거지." "그걸 어떤 비율로 얼마나 차별이 된 거야?" 그런 유의 백가쟁명百家爭鳴이 주류酒流의 물살을 더욱 매끄럽게 하고 있다.

"세상이 참 몰라보게 영악해졌어!"

다시 이어진 ㅈ의 개탄이다. 큰아이 집에 다녀온 얘기다. "할아버지, 왜 우리 집 안 와요." 귓속을 간질이는 손자가 불현듯 보고 싶었다. 며느리가 반갑게 맞았다. 무슨 말 끝에 지나가는 말처럼 "아버님은 막내시숙이 제일 예쁘신가 봐요." 하고 웃었다. 전광석화電光石火처럼 집히는 데가 있었다.

ㅈ도 웃으며 "너희 혼사는 모두 큰애가 준비한 것이다. 내가 좀 보탠 건 그냥 도리였지. 막내에겐 너희보다 여섯 배를 더 준 셈이지만 겨우 전세 얻은 것 아니냐. 너는 신랑 덕에 혼례 올리고 바로 네 집에서 살았으니 그걸로 보상받은 셈 치면 안 되겠니?" 하고 조용히 다독거렸다.

서둘러 퇴근한 큰애의 뜻에 따라 온 식구가 밖에서 저녁을 흐뭇하게 나누었다. 며칠 쉬고 가시라는 효심도 잊지 않았다. 다음날, 큰애가 출근한 후 일정을 간추리고 있는데 손자가 "할아버지!" 하고 쫓아와 안겼다. "할아버지, 언제 가요?" 말똥말똥한 눈빛이 귀엽기 그지없었다. "음, 할아버지가 좀 바쁘거든. 너도 보고, 엄마도 보고, 아빠도 봤으니 바로 가야겠구나." 손자가 화들짝 빠져나갔다.

묵묵히 돌아온 ㅈ은 '잃어버린 반세기'를 찾아야 한다며 '가정 경제 살리기'에 분주한 가장을 어떻게 도와야 할지 막막했다. 어줍은 인문학 밑천으론 별수가 없어 청소와 밥 안치기에 총력을 기울였다. 가장의 뜻밖의 요구가 있었다. "인계착오 같은데 그 딴 주머닌 내놓으셔요!"였다. "딴 주머니라니요?" "세 며느리가 모인 자리에서 둘째가 위아랫 동서에게 '아버님 통장에 남아 있는 돈은 무풍지대인 둘째네 것이니 아예 넘볼 생각일랑 하지 말라.'고 했다는데 그게 뭐지요?" "며늘아기들의 픽션이겠지요. 현역 때 막내 몫으로 푼푼이 모았던 그 통장, 그애 혼사 때 다 털고 통장 자체가 없어진 걸요." 위기를 정연하게 비낀 ㅈ의 임기응변이다.

"영악한 건 자네도 마찬가지야." 잽싸게 뛰어든 건 역시 ㅎ이다. "자식 혼비를 빌미로 그동안 술 한 잔도 안 사며 적금을 해선, 혼사에는 노루꼬리만큼 쓰고 어떤 분들 '대선자금 남기듯이' 숨겨두고 제 할일 다하는, 자네보다 영악한 사람 있으면 나와 보라고 그래!" "에키, 이 사람!" "핫핫핫…." 다시 백가

쟁명의 취흥이 높아진다.

마침내 회장이 떨떠름한 표정으로 일어선다.

ㅈ의 얘긴 우리 모두의 경울세. 호주제도가 없어진 것도 그 일맥이 아닌가. 사회 쪽의 얘기 하나만 덧붙이지. '아들 딸 구별 말고 하나만 낳아서 잘 기르자.'고 '계도부락'을 정해 놓고 여고 3년들이 달마다 교대로 방문하여 젊은 아낙들에게 잘 알지도 못한 맬더스의 인구론까지 동원하고 얼굴을 붉혀 가며 피임을 설파했었지. 그 때 귀하게 태어난 여아들이 지금 한창 나이일세. 이제 이들에게 '제발 출산 좀 많이 하라.'고 강권하고 있지 않나. 출산이 이대로 잦아들면 늘어나는 늙은 이들을 먹여 살릴 일손이 없어진다는 계산이라네. 언제는 나라 발전을 위해 입을 줄였는데 이제는 나라 발전을 위해 입을 불려야 한다니 이보다 더 알다가도 모를 일이 어디 있겠는가.

참 아득한 일일세. 어쩌면 산다는 것 자체가 바로 알다가도 모를 일일 것이야. 이 점을 우리 모두 이심전심으로 깊이 각성하세. 다음엔 그런 회의懷疑일랑 접어버리고 웃고 모여 웃고 헤어지세. 그게 만연되면 알지도 모른 철학에 알지도 모를 배신이 될지도 모를 일이니…. 짝짝짝!

모임을 가름하는 회장의 알다가도 모를 명 폐회사에 모두 알다가도 모를 박수를 치며 웃고들 일어선다.

('08)

어떤 부활

"아니, 씩씩이 아냐?"

몸매도 얼룩도 씩씩이 그대로다. 녀석은 저승간 지 오랜데, 복제라도 된 것일까? 글쎄, 아는 바 없지만 그동안 매스컴이 잠잠했으니 그건 아닐 게다. 그 새낀가? 그럴 것도 같다. 씩씩이는 이름 그대로 씩씩하게 살다 간 우리 집 개다. 족보도 없었지만 어미 복은 두둑해서 그 덕을 톡톡히 누린 셈이다. 평생 목사리를 모르고 살았으니.

녀석의 어미 설희는 잘생긴 금갈색 얼룩이었다. 그 예쁜 목에 나는 족쇄 같은 띠를 도저히 채울 수가 없었다. 이른 아침이면 고샅이나 한 바퀴 돌고 오도록 문을 열어주고 낮 동안은 내내 집안에 있도록 했다. 그래서인지 옥상에 가보면 배설물이 구석진 한곳에 망울망울 모여 있었다.

설희는 생각보다 빨리 새끼를 낳았다. 그 작은 몸에서 무려 네 마리나. 세 마리는 꼭 저를 닮았는데 한 마리는 데리고 온 딴 종자 같았다. 검은 얼룩에 턱도 좀 긴 못난이로 유난히 씩씩했다. 잘난 세 '순이'는 친지들이 다투어 가져가고 못난 한 '돌이'는 그대로 집에 남게 되었다. 그리하여 녀석은 어미와 함께 평생 목사리를 모르고 살았다.

우리 집은 바깥문을 들어서서 바로 계단을 오르면 왼편으로 현관문이 있고 바른편으론 마당 같은 차고 슬래브가 이어져 있다. 개집은 차고 왼편인 계단 밑에 있다. 녀석들은 바깥문이나 차고 문이 열릴 때면 어느 때고 잽싸게 박차고 나가 치외법권적인 자유를 누렸다. 알짜배기 삶은 바로 이 '덤 나들이'에 있었을 것이다.

그런 시각에 내가 돌아오면 동네 꼬마들이 "아저씨! 씩씩이 가요, 설희가요…." 하고 녀석들의 동정을 일일이 고해바쳤다. "음, 그랬어. 내 혼내줄게. 사이좋게 잘 놀아라." 하고 다독거리면 어느새 어디서 보았는지 녀석들이 달려와 길길이 뛰며 반가워했다. 한 동네 한 식구가 역력했다.

어느 날인가 참으로 보기 민망한, 아니 보지 말았어야 할 해괴한 정경을 보게 되었다. 녀석들 모자가 제 집 앞에서 어처구니없게도 이중주삼매경二重奏三昧境에 빠져있었다. 아니, 이럴 수가? 얼굴이 확 달아올랐다. 그렇다고 강제로 떼놓을 수도 없는 일. 이를 어쩌나? 집안의 무슨 불상사 같아 나도 모르게 주변에 신경이 쓰였다. 다행이 보는 사람은 아무도 없었다.

아스라한 시절, 우스개처럼 넘겼던 수의학과 한 친구의 말이 번개처럼 스쳤다. 되든 안 되든 시도는 해봐야지. 아내더러 설희 목욕을 시키자며 좀 붙잡아달라고 했다. 대강 씻은 다음 나는 냉장고에서 얼음덩이를 하나 내왔다. 계속 물을 뿌리면서 '탄주彈奏의 정열이 불그스레 머문 그곳'을 얼음덩이로 가만가만 다독거렸다. "당신뭐 하는 거요?" "그런 게 있어. 그냥 모른 척해요." 아내는 "당신이나 잘 모른 척하세요." 하곤 일어서버렸다. 피식 웃음이 나왔다.

아내는 나를 '프로이트 병원'에나 보내야 할 사람으로 크게 걱정하는 표상이 되었다. "발정을 재우려면 얼음찜질을 하는 거래요. 설희 형편이 지금 그래요. 씩씩이를 봐서라도 그만 놓아야 하지 않아요." 아내는 별 희한한 소리를 다 듣는다며 심드렁해졌다. 나는 이것저것 고려해서 아내에게도 설희 모자간의 그 얘긴 하지 않았다. 설희에 대한 그런 관심은 그 후에도 사뭇 계속되었다.

녀석들은 깨끗한 삶의 동지가 되어 날로 그들의 영지를 확장해갔다. 그러던 어느 날, 설희가 대추나무 아래에서 거실을 바라보며 죽어 있었다. 씩씩이는 저만치 떨어져서 멍하니 서 있었다. 산에 묻으려고 했으나 아이들이 그 자리에 그대로 묻자고 했다. 집에 온 지 9년째의 일이다.

씩씩이는 어미를 보낸 허허로움 때문인지 시도 때도 없이 온 동네를 휘젓고 다녔다. 밤늦게 차고 셔터를 긁어대기도 하고, 하루 이틀 안 들어오기도 했다. 심지어 일주일이나 소식을 끊은 적도 있었다. 아마도 순애殉愛의 도정이 그랬던 것 같다.

녀석에게 노화의 경사傾斜가 두드러졌다. 눈도 귀도 사위고 이빨도 빠지고 근력이 줄어 계단도 제대로 오르지 못했다. 식욕도 떨어져 달래가며 먹여주기도 했다. 종일 집에서 극락왕생을 비는 날도 있었다. 그런 몸인데도 어느 날, 어이없게도 차고 앞에서 '등반의 설치미술'을 연출하고 있었다. 아, 그 녀석! 반가운 마음이 앞섰다. 오래오래 살 것 같네. 웃음이 절로 나왔다.

그리고 한 달 남짓, 홀연 녀석이 사라졌다. 온 동네를 수소문했다. 한 할아버지가 14년이나 되었다면 죽으러 간 거라고 했다. 개는 때가 되면 아무도 없는 산 같은 데로 빠져나가 조용히 죽는다고 했다. 나는 도무지 실감이 나지 않았다. 죽은 게 아니라 아직 돌아오지 않는 것으로만 여겨졌다.

그러던 차 우리 동네에서 꼭 씩씩이를 빼박은 복제품을, 아니 그 2세를, 아니 그 부활을 접하게 된 것이다. 그렇게 반가울 수가! 나도 모르게 "씩씩아!" 하고 불었다. 녀석은 어디서 들어본 소리 같은지 눈을 껌벅껌벅했다.

새삼 삶, 죽음, 부활의 의미를 여러모로 되새겨보는 계기가 되었다.

('07)

어떤 혼례

저는 서동입니다. 신라 때 선화공주를 얻기 위해 야한 노래를 퍼뜨렸던—. 선화공주를 배필로 맞은 후 백제의 무왕이 되었다가 641년에 살짝 시간 속으로 몸을 숨겼었죠. 저는 1999년 연말에 주영으로 다시 태어난 그때 그 공주를 만났습니다.

그 때부터 속마음을 담은 노래를 만들어 퍼뜨렸습니다. "주영 공주님에겐 임자가 있으니 주변에 얼씬 마라. 내가 모셔와 한 소끔 행복하게 살 테다."라는 청혼가—. 세월이 9년 흘렀고 이제 노래에 담긴 서원誓願이 이루어지려 하는 순간입니다. 저를 알고 공주를 아시는 여러분들께서 증인이 되어 축복해 주십시오.

"사랑은 시간을 잊게 하고 시간은 사랑을 잊게 한다."라는 시구가 있습니다. 앞 구절만 평생 기억하며 오래 행복하게 살겠습니다.

감사합니다.

조 ○ ○ · 이 ○ ○

♥ 일시 : 2008년 6월 5일 (목요일) 오후 6시 30분
♥ 장소 : 르네상스 서울 호텔 3층 다이아몬드볼룸

이 희한한 청첩의 혼례를 내가 주재主宰했다. 처음엔 갸우뚱했지만 어쩌면 나도 전생부터 그들 주변에 있었는지도 모른다는, 정말 희한한 생각이 퍼뜩 들었다. 저절로 웃음이 터질밖에.

정해진 일시에 로비에 들어서니, 축화祝花가 입구 양편으로 생울처럼 헌칠하다. 좌우로 가지를 뻗쳤다면 희한한 꽃터널이 됐을 듯. 축화마다 명성名聲에 걸맞은 휘호들이 점잖게 드리워져 있다.

매우 넓은 식장이다. 중간을 가로지르는 통로의 한가운데에, 주례단主禮壇으로 이어진 신랑신부의 비단길이 한 단 높게 이어지고 그 밖의 공간은 하얀 너울을 쓴 크고 둥근 식탁들이 정연하게 놓여 있다. 좌석은 수백 석이 될 듯.

식장 종사원에게 "나는 목소리가 작은 사람이니 마이크 볼륨을 최대로 올려 달라."라고 당부하고 주례테이블 앞으로 향한다.

사회자가 개식을 선언하고 신랑신부를 불러들인 다음 맞절 순서를 알린다. 나는 그들이 맞절할 수 있는 자세를 취하게 하고 하객들을 향해 가볍게 인사한다.

오늘은 옛날 서동이 이 땅에 환생하여 몽매에도 그리던 옛 공주를 다시 만나 청혼의 노래를 외운 지 9개성상, 마침내 그 이중창이 이루어지는 뜻 깊은 날입니다. 이 역사적인 혼례에 맞절을 달랑 한 번만 한다는 것은 어딘가 미흡하고 의식의 존엄을 희석하는 것 같은 생각이 듭니다. 이에 본 주례는 이 맞절을 삼세번 주재主宰하기로 합니다.

첫 번째 맞절은 '검은 머리 파뿌리 되도록,' '사랑으로 시간을 잊게 하는,' 그런 해로偕老를 다짐하는 맞절입니다. "맞절!"

두 번째 맞절은 이제 한 가정의 주체로서 더불어 생긴 시가와 처가를 본가처럼 화목하게 아우르자는 다짐의 맞절입니다. "맞절!"

세 번째 맞절은 부모님들이 우리를 잘 길러주신 것처럼 우리도 건강한 아이들을 낳아 온 집안의 기쁨조가 되게 하고 작으나마 인류계승 번영에 이바지하자는 다짐의 맞절입니다. "맞절!"(음향시설과 방음장치가 훌륭해서, 종사원에게 '작은 목소리 운운'했던 일이 와락 부끄럽게 느껴진다.)

사회자가 '혼인서약' 및 '성혼선언'의 차례를 알린다.

'혼인서약'은 맞절의 다짐을 주어진 양식의 문절에 혼융해서 받는 것임을 밝히고, '성혼선언'은 주어진 문절의 말미에 '천지신명 앞에'란 말을 추가하여 의식의 색조를 살짝 강조한다.

사회자가 '주례사' 차례임을 알린다.

인사는, 주례로서의 축하에 이어 오늘이 있기까지 이들을 잘 길러주신 양가 부모님들께, 또 잘 가르쳐주신 각급학교 은사님들께, 그리고 직무의 손길을 잘 다듬어주신 직장의 상사님들 동료 여러분께 경의를 표하고 만장하신 하객들에게 감사를 드리는 것으로 간결하게 마무리한다. (신부가 공주님이었으므로 신랑에 앞서 호칭키로 한다.)

신부신랑은 이 땅의 대표적인 대학(ㅇ여대 · ㅅ대학)에서 대표적인 노력을 기울인 재원이요 재사입니다. 지금은 대표적인 직장(ㅅ구릅 · ㅈ신문)에서 신부 이○○ 양은 핵심적인 직무에 하루해가 짧기만 하고, 신랑 조○○ 군은 사회정의 구현의 목탁이 되어 분주한 나날을 엮고 있습니다. 이같이 전도가 양양한 커플에게 무슨 말을 더할 수 있을지 망연해집니다.

더구나 이들은 성혼에 이르기까지 여느 선남선녀들처럼 이른바 선택의 고민에 서성댄 적이 없는, 오직 사랑의 분위기가 무르익기를 기다렸던 전설적이고 역사적인 희한한 천생연분의 한 쌍이 아닙니까. 이에 무슨 부연이 또 필요하겠습니까. 이에 본 주례는 이들에게 소담한 연꽃 다발을 한 아름 안겨드리고자 합니다.

연꽃은 더러운 진흙 속에서 나서 아름다운 꽃을 피웁니다. 때문에 어떤 더러움에도 물들지 않고 그 의지를 고치지 않습니다. 속은 비어서 사심私心이 없고, 가지가 뻗지 않아 흔들리지 않습니다. 그 그윽한 향기는 멀리 퍼져 더욱 청정합니다. 그뿐입니까. 뿌리는 우리의 머리를 쇄락하게 하고 차茶는 우리의 심장을 맑게 해줍니다.

어느 시인은 연꽃을 '할머님의 수정 품속 같은 꽃'이라 했습니다. '파란 연못 속에 파란 돌을 감추고 돌아서 있는 어머님의 목소리 같은 꽃'이라 했습니다. '누님의 반쪽 거울 속 같은 꽃'이라 했습니다. 과연 할머님, 어머님, 누님은 연꽃 같은 우리 가정의 그윽한 향훈입니다. 흔들리지 않는 사랑의 중심입니다.

'가장 인간적이기 위해선 가장 가정적이어야 한다.'는 말이 있습니다. 가정이란 가장 원초적인 '우리'의 공동체입니다. 나는 이 공동체의 한 구성원으로서 '나'라는 존재를 드러내며 비로소 인간이 됩니다. 가족이란 이 존재자들을 아무런 차별 없이 존재케 하는 위대한 진리입니다. 이러한 관계 속에서 인간이 인간이기 위해서는 가장 가정적이어야 한다는 생각이 저절로 풀립니다.

바라건대 오늘의 신부신랑이시여, 가장 인간적이기 위해서 가정을 생각하고, 가장 가정적이기 위해서 할머님 어머님 누님을 배우고, 그 사랑과 의지를 연꽃 이미지와 아우르는 시간을 삶의 굽이마다 반추해 보시라. 영특하게 닦여진 지혜가 더욱 농밀한 향훈으로 멀리멀리 퍼져나갈 것입니다. 그것이야말로 혼탁한 일들을 잊게 하는 다양한 사랑의 현현이 아니겠습니까.

옛 서동과 선화공주님이 이 땅에 환생하여 혼례를 올리는 이 신비로운 날, 이 성전이 그지없이 아름답습니다. 본 주례는 이 축하분위기가 다함없이 확산되길 재삼재사 바라 마지않으면서 이상, 간단히 주례말씀을 가름코자 합니다.

복 많이 받으십시오!

한마디 부연합니다. 본 주례와 신랑은 신랑 중학교 때 사제의 연입니다. 주례도 그만큼 오래 기다려준 셈입니다.

감사합니다.

('08)

영어囹圄 체험, 그리고

경찰서 정문에 들어서자 와락 그날의 정경이 스쳤다. 간단한 기록 끝에 옮겨진 곳은 뜻밖에, 너무나도 뜻밖에 유치장이었다. "쾅" 하고 닫힌 안쪽은 어둑한 구더기 칸이었다. 어디선가 뒤쪽으로 가라고 했다. 발을 디딜 틈이 없었다. 양손을 아무 어깨나 징검다리처럼 짚으며 뒷자리로 밀렸다.

바로 뒤가 몸 하나 돌릴 만한 뒷간이었다. 벽 위쪽엔 채광창이 한 일一자로 그어지고 바닥엔 10센티에 30센티나 될까 말까한 네모난 구멍이 까맣게 부라리고 있었다. 때마침 한 사람이 비실비실 다가와 스스럼없이 쭈그려 앉았다. 냄새가 이상하게도 신선했다. 잠시 퍼지나 했더니 금방 고약한 방 냄새에 묻혀버렸다. 거북한 건 냄새가 아니라 그에 따른 일그러진 탁성濁聲이었다.

저녁밥으로 야구공만 한 주먹밥이 나왔다. 간간했다. 어쩐지 그게 전달하는 손바닥들에서 절여진 것으로 여겨졌다. "못 묵건는가? 나 줘!" 밥덩이는 어느새 그 사람의 입에 물려지고 있었다. 먹을 기분도 아니어서 그냥 모른 척해버렸다.

옆방 사이의 벽 위쪽엔 작은 구멍이 하나 뚫려 있고 거기엔 홍시紅柿 같은 전등이 매달려 두 방의 어둠을 희석하고 있었다. 생각보다 소등이 빨랐다. 갑자기 사위가 까만 빛으로 하나가 되었다. 녹아들지 않은 것은 오직 방 냄새 하나였다. 사람들은 어차피 눌 수도 뻗을 수도 없는 터라, 화엄사 중들처럼 까만 좌선으로 한 빛깔이 되리라 생각했다. 턱없는 착각이었다. 어둠의 익명성匿名性을 빌미로 앓던 이가 더욱 자제自制를 잃고, 코골이가 파고를 더하며, 잠꼬대까지 곁들이면서 재빨리 방 냄새에 타협해버렸다. 아예 그 냄새가 그 냄새였던가 싶었다. 나의 좌선도 희멀끔해지고 말았다.

아침이 밝았다. 온몸이 가려웠다. 어디를 어떻게 긁어야 할지 엄두가 나지 않았다. 새물내를 맡고 이 떼가 내게만 달려든 것 같았다. 뱃살을 더듬어보니 두드러기처럼 부풀려져 있었다. 녀석들도 살아야겠지. 사람도 사흘 굶으면 담을 넘는다고 하지 않았던가. 그래, 무심해야지.

사람들이 줄줄이 불려나갔다. 그러나 너나 없이 처연한 몰골로 돌아왔다. 기다리던 사람들이 귓바퀴를 세워 그들 입가로 들이댔다. 순식간에 속삭임 소통이 이루어졌다. 그 소통은 주먹밥 나누어지듯 온 방으로 조용히 퍼졌다. 정숙이 강요된 공간의 해괴한 통신이었다.

"나, 젠작 포기해뿔었당께. 병신 돼뿔면 멋에 쓴당가? 억울해 못 죽어!" 거의가 이런 유의 한탄이었다. 내게 희한한 얘길 한 사람도 있었다. "호박 하나가 열리는데도 수꽃이 몇 개(개수는 기억나지 않음)나 희생되는데, 항차 나라를 세움에랴. 나는 바로 그 수꽃 같은 사람이야. 공부 열심히 해서 나라의 큰 재목이 되게."

죽음과 연관된 그런 말들을 들으면서 나는 문득문득 그날의 정경이 겹쳐 맥이 쑥 빠졌다.

그날, 하교하는 길이었다. "그 자리 정지!" 하는 소리가 뒤쫓아 왔다. 총을 멘 한 군인이 달려와, 별명이 있을 때까지 길가 도랑에 엎드려 있으라고 했다. 명령대로 우리는 쭈그려 앉아 고개를 숙였다. 이윽고 슬그머니 머리를 들어 보았다. 이럴 수가? 같은 동네 선배인 ㄱ이 팔을 뒤로 묶인 채 총 멘 군인에 앞서 터벅터벅 걸어가고 있지 않는가!? 가슴이 콩닥거렸다. 서시내 다리 위에 올라서면서부터는 사뭇 고개를 우리 쪽으로 돌리고 걸어갔다. 홀연 "따따따땃!" 총소리가 온 들을 흔들었다. 이윽고 그 군인들이 돌아와서 계엄사령부에 있다면서 '제발 학생들 쓸데없는 짓 하지 말고, 입 좀 조심하라.'고 했다. ㄱ은 다리 밑 모래밭에 등을 구부린 채 엎디어 있었다. 죽었다는 생각은 전혀 들지 않았다. 나는 허겁지겁 ㄱ네 집으로 달려가 ㄱ이 서시내 다리 밑에 쓰러져 있다고 알려주었다. 무슨 쓸데없는 짓을 하고 얼마나 조심성 없는 말을 했기에 즉결처분을 받아야 했을까, 무섭기만 했다.

처박힌 지 나흘 만에 마침내 나도 불려나갔다. 조사가 아니라 이건 일종의 강요였다. 어떤 모임에 참석했다는 것을 다 알고 있으니 그대로 고백하라는 억지였다. 나는 그 이름도 모르는 모임이니 증거를 대라고 했다. 그런 실랑이 속에 따귀 맞는 건 기본이었다. 각축角逐이 드세어지자 꿇어앉은 내 오금엔 각목이 끼워지고 허벅지와 등짝엔 작대기 그림이 노을빛으로 도톰하게 그려졌다. 악물린 신음이 저절로 터졌다. 뭐라고 해도 아닌 건 아닌 것 아닌가.

증인이랍시고 두 친구가 다녀갔다. 한 친구는 아예 그런 말을 한 적이 없다고 완강했다. 덤으로 따귀 소리만 몇 대 울려주고 갔다. 다른 한 친구는 들어오자마자 따귀세례를 받곤 눈물을 줄줄 흘리며 지난번에 매에 못 이겨 무슨 말을 했는지 전혀 모른다며 뚝 잡아뗐다. 계속되는 매타작과 비명에 나는 눈을 감고 말았다.

영어 체험 일주 만에 갑자기 풀려났다. 경찰서 문을 나서니, 내가 무슨 투사의 고난에라도 동참한 것처럼 으쓱해졌다. 나중에 안 일이지만 이 사건은 잘못된 첩보의 회오리였다. 주모급 학생들은 그래도 꽤 졸경을 치른 것으로 알려졌다.

그 체험은 지금도 아름다운 내 추상追想거리의 하나다. 그 사건의 충격 속에 당한 일이어서 끝까지 다짐한 '입조심'이 그 어려운 고비를 넘기게 해 주었기 때문이다.

그때 함께 유치됐던 사람들이 어찌됐는지는 모르지만, 조국은 분단되었고 동족상잔까지 겪었다. 통일은 아직도 안개 속이다. 그 후의 내 삶은 '쓸데없는 짓'과 '입조심' 문제의 서걱거림 같은 퇴영적인 것이었다. 그런데도 지금 나는 사회정의를 위해, 민주발전을 위해 목숨 걸고 싸웠던 여러분들 덕택에 넉넉하고 자유로운 나날을 누리고 있다. 부끄러운 일이다. 어떤 수필가가 이런 심정을 '무임승차'에 비유한 바 있었지만 나 역시 그런 미안하고 또 미안한 마음을 항상 놓을 길이 없다.

('08)

산정山精에 묻히다

허위허위 산 우물[山井] 문턱에 선다.

만수滿水다. 우물이 아니라 '종포鐘浦 앞바다' 같다. 여수여고 재직시절, 운동장 쪽 창문을 열면 돌산突山섬에 가로막힌 종포 앞바다가 와락 호수처럼 이마에 와 닿았다. 그 바다가 느닷없이 여기에 와 있다니…. 산지山池가 그리워 구원을 얻고자 백두 천지天池를 찾아가던 중 문득 이곳에 주저앉은 것은 아닐지?

사뭇 가뭄이 이어져 강이 도랑물이 되고, 무슨 호湖 무슨 저수지 할 것 없이 모두 엉덩이를 드러낸 판국인데 이 우물은 어찌하여 종포 앞바다의 만조滿潮 같은가! 빛깔도 짙푸른 여수麗水 그대로다. 산정호수山井湖水! 참으로 시정詩情이 넘치는 이름이다.

화살표에 따라 순환도로를 탄다. 언젠가 한번 와보긴 했지만 모든 게 처음처럼 낯설다. 그땐 좁은 길을 여느 방죽 돌듯 담담히 돌았던 것 같다. 화살표 길은 새로 닦달을 했는지 꽤 넉넉하고 튼실하다. 호수처럼 수평이 제대로 된 곳은 한결 편안하다. 오를 때의 팍팍했던 긴장이 저절로 풀린다. 있는 듯 없는 듯, 산바람인지 호수바람인지 알 수 없는 순한 정령이 말없이 폐부를 씻어낸다.

희한한 정경이 발목을 잡는다. 가파른 벼랑에 여러 갈래로 튼실하게 뿌리를 박은 아름드리 소나무가 엎드린 자세로 길을 가로질러 호수 저만치 널찍하게 가지들을 펼치고 있다. 받침대 하나도 없다. 선택된 천혜일까, 자의적 일탈일까? 만일 후자後者라면 그게 호수의 사무친 손짓이었을까. 나무의 그야말로 '우공이산愚公移山'의 끈질긴 구애였을까? 어찌됐건 거창한 설치예술이다. 나무는 호수에 푹 빠지고 호수는 나무에 흠뻑 젖은 희한한 합환이다. 법열이요, 엑스터시(ecstasy)다. 기이한 건 주변의 소나무들이다. 드높이 치솟아 하늘을 가리기 위함인지 넓게 차일을 치고 있다. 피식 웃음이 나온다. 거기 천륜의 한 자락이 걸린 것 같아서다. 소나무의 이런 묘기妙技는 한 군데뿐이 아니다. 이렇듯 다이내믹(dynamic)한 호응을 과연 어떻게 상량商量해야 할 것인지?

길을 내준 가파른 금강金剛은 근엄하기 이를 데 없는 가부장이다. 아무도 얼른 접근하지 못한 터라 깔끔하게 높다. 작은 빈터마다 올망졸망한 총생들을 키우면서 어머니 같은 호수를 하냥 맑고 정하게 지키고 있다. 십리강성十里剛城이라고 해도 될지. '우공이산의 연심戀心'이 다시금 끄덕거려진다. 자유라는 이름의 오염 확산이 퍼뜩 뇌리를 스친다.

어디선가 옛날 걸었음직한 산길이 나타난다. 호수 면과는 달리 울퉁불퉁하다. 새 길보다는 꾸불꾸불 조심스런 흙길이다. 발밑 감촉은 어느새 고향을 불러댄다. 호수와는 가까워졌다 멀어졌다 숨바꼭질이다.

호수 건너를 바라본다. 고대 걸어 온 곳인데도 사람들이 아직 나타나지 않은 탓일까, 피안彼岸처럼 아슴푸레했던 지난날의 정회가 그대로 숨을 쉬고 있다. 길을 내지 않을 순 없었을까? 그 길이 아무래도 아득한 신비를 허망하게 헤치고 있는 것 같아서다. 하긴, 우려낼 거리를 앞에 두고 뜬금없이 시인을 불러 댈 문명개발업자가 이 세상 어디에 있을 것인가?

산길은 마냥 삼림욕이다. 기본적인 단추를 제외하곤 다 느슨하게 풀어버린다. 즐겨 쓰는 말대로, 나는 싸목싸목 호흡과 리듬을 맞추며 걷는다. 뭐라 말할 수 없는 산정山精이 온몸을 잔잔히 애무한다. 풍욕과는 다른 경지다. 피톤치드(phytoncide) 향이 그윽하게 얼려 리듬을 타는 상큼한 혼융混融이다.

산길의 해찰은 한유閑裕의 정수라 할 만하다. 길섶에 쭈그려 앉으면 무엇부터 먼저 봐야 할지 헷갈린다. 각가지 풀떨기, 풀꽃, 벌레 등등…. 나는 아주 작은 꽃무리를 들여다본다. 선뜻 말려든다. 이 여린 것들이 겨울을 함께 지내고 봄을 추슬러 이렇듯 앙증스런 꽃을 피우다니! 전율, 그 자체다. 살짝 불어보고 건드려도 본다. 넘어질 듯 꺾어질 듯 다시 일어선다. 마냥 보고 있어도 전혀 물릴 줄을 모른다. ≪꽃으로 찾는 들풀 편람≫ 따위는 거추장스러운 거품이다. '지금, 여기'서 그 꽃과 마주보고 있는 그 자체가 뜻있는 일이다. 마침내 나는 저린 다리를 펴지 못한다. 양팔을 땅에 짚고 오히려 앉은방아를 찧고 만다. 허허허! 위대한 그 생명력이여!

햇빛이 쨍하게 쏟아진다. 한 바퀴 돌고 온 산 우물의 시발점. 그 호수가 삽시간에 은색으로 빛난다. 시각을 달리하니 이미 하늘이 가득 내려와 있다. 바로 옆에 고여 넘는 두 폭포의 물길이 있다. 큰 폭포는 방만하게 퍼지는 한쪽 가양을 바로잡아 자연스럽게 넘어간다. 한 블럭 너머의 작은 폭포는 자세히 보이지는 않으나 물레방아 물줄기처럼 한 일一자로 쏟아질 것 같다.

급한 계단을 조심조심 내려온다. 바로 서서 좌우의 두 폭포를 되돌아본다. 대조적인 장관이다. 후련하다. 떨어진 물은 작은 못을 감돌아 도랑 가득 활기차게 흐른다.

이 가뭄 속에 아니, 지구온난화의 위기 속에 호수라는 이름의 마를 줄 모르는 산정山井과 이를 에워싼 나무 및 풀들의 짙푸른 산정山情과 벽공의 천심天心까지 하나로 아우른 거대한 이 산정山精에 잠시나마 하나가 되었으면 그만이지 그 밖에 무엇을 더 바라랴?

나는 종포 앞바다 같은 산정호수의 깨끗한 폭포수에 가만히 발을 담근다.

('09)

최병호 수필집

느리게, 그러나 자유롭게

인　쇄　2009년 12월 20일
발　행　2009년 12월 25일

저　자　최 병 호
발행인　서 정 환
발행처　수필과비평사

출판등록　1984년 8월 17일 28호
주　소　서울시 종로구 익선동 30-6
운현신화타워 빌딩 2층 208호
전　화　(02) 3675-5633 (063) 275-4000
팩　스　(063) 274-3131
메　일　essay321@hanmail.net

값 9,000원

ISBN 978-89-5925-651-8　03810

※ 저자와 합의하여 인지는 생략합니다.
※ 잘못된 책은 바꿔드립니다.